IASC-Rechnungslegung

SCHÄFFER
POESCHEL

Peter Wollmert

IASC-Rechnungslegung

Synopse zu den handelsrechtlichen Vorschriften

Herausgegeben von

Schitag Ernst & Young
Deutsche Allgemeine Treuhand AG

1995
Schäffer-Poeschel Verlag Stuttgart

Autor
Dr. Peter Wollmert, StB
Schitag Ernst & Young - Deutsche Allgemeine Treuhand AG, Stuttgart

Die Deutsche Bibliothek - CIP- Einheitsaufnahme

Wollmert, Peter:
IASC-Rechnungslegung : Synopse zu den handelsrechtlichen Vorschriften / Peter Wollmert. [Schitag, Ernst & Young, Deutsche Allgemeine Treuhand AG].
- Stuttgart : Schäffer-Poeschel, 1995
ISBN 3-7910-1006-9

Gedruckt auf chlorfrei gebleichtem, säurefreiem und alterungsbeständigem Papier

ISBN 3-7910-1006-9

Einbandgestaltung: Willy Löffelhardt
Druck und buchbinderische Verarbeitung: Franz Spiegel Buch GmbH, Ulm
Printed in Germany

Schäffer-Poeschel Verlag Stuttgart
Ein Tochterunternehmen der Verlagsgruppe Handelsblatt und der Spektrum Fachverlage GmbH

Vorwort

Die IASC-Rechnungslegung hat sich zwischenzeitlich, nach anfänglichen Akzeptanzproblemen, insbesondere in Ländern mit weitgehend liberalen gesetzlichen Rechnungslegungsvorschriften stark durchgesetzt.

Auschlaggebend hierfür war das Harmonisierungsprojekt des IASC, auch E 32 genannt. Das Projekt führte zu einer stärkeren Reglementierung der IASC-Normen und brachte vor allem erhebliche Einschränkungen bei den Bilanzierungs- und Bewertungswahlrechten mit sich. Das bis dahin sehr weite Normenkleid bekam durch E 32 erstmalig Figur und ist seither keineswegs mehr (voll) kompatibel mit allen Rechnungslegungsnormen der westlichen Industrieländer.

Die zunehmende Anwendung der IASC-Rechnungslegung in anderen Ländern wirkt sich im Rahmen der Erstellung des Konzernabschlusses auch auf deutsche Unternehmen aus. Darüber hinaus sehen sich auch deutsche Muttergesellschaften einem verstärkten Druck der Kapitalmärkte ausgesetzt, eine international anerkannte Rechnungslegungsnorm anzuwenden. Aufgrund dessen sind vielerorts Bestrebungen im Gange, den Konzernabschluß im Rahmen der handelsrechtlichen Möglichkeiten so aufzustellen, daß er einer international anerkannten Rechnungslegungsnorm, z.B. den IASC-Vorschriften, möglichst nahe kommt. Seit kurzem gehen einige Unternehmen noch weiter und lassen sich von ihren Abschlußprüfern unter Bezugnahme auf den Grundsatz der Wesentlichkeit testieren, daß ihre (Konzern-) abschlüsse sowohl den Normen des HGB als auch den Bilanzierungsrichtlinien des IASC entsprechen.

Im deutschsprachigen Raum gibt es bisher wenig Literatur über die Rechnungslegung nach den International Accounting Standards. Die vorliegende Synopse soll einen systematischen und schnellen Überblick über die IASC-Rechnungslegung geben.

Stuttgart 1995 — Peter Wollmert

Inhaltsverzeichnis

Abkürzungsverzeichnis

Abs.	Absatz
Abschn.	Abschnitt
ADS	Adler-Düring-Schmaltz
AK	Anschaffungskosten
AktG	Aktiengesetz
Aufl.	Auflage
BB	Betriebs-Berater
BMF	Bundesminister der Finanzen
bzgl.	bezüglich
DB	Der Betrieb
DSOP	Draft Statement of Principles
E	Exposure Draft
ED	Exposure Draft
EStG	Einkommensteuergesetz
F	Framework
f.	folgende
FASB	Financial Accounting Standards Board
ff.	fortfolgende
GewSt	Gewerbesteuer
GoB	Grundsätze ordnungsmäßiger Buchführung
HFA	Hauptfachausschuß
HGB	Handelsgesetzbuch
HHR	Herrmann-Heuer-Raupach
HK	Herstellungskosten
Hrsg.	Herausgeber
IAS	International Accounting Standard
IASC	International Accounting Standard Committee
IDW	Institut der Wirtschaftsprüfer in Deutschland e.V.
IOSCO	International Organization of Securities Commissions
idF.	in der Fassung
idR.	in der Regel
iVm.	in Verbindung mit
KSt	Körperschaftsteuer
lfd.	laufende
m.E.	meines Erachtens
n/a	nicht relevant
Nr.	Nummer
rev.	revised

P	Preface
RAP	Rechnungsabgrenzungsposten
s.	siehe
S.	Seite
SOP	Statement of Principles
Tz.	Textziffer
u.a.m.	und anderes mehr
v.	vom
vgl.	vergleiche
WPg	Die Wirtschaftsprüfung
WP-HB	Wirtschaftsprüfer-Handbuch
WPK	Wirtschaftsprüferkammer

Teil I: Institutionelle und funktionale Aspekte der IASC-Rechnungslegung

1. Zielsetzung und Organisation des IASC

Die internationale Rechnungslegung ist durch viele praktische und theoretische Entwicklungen beeinflußt und stetig weiterentwickelt worden. Der Zweck der Rechnungslegung war besonders in den "Geburtsjahren" der bilanztheoretischen Diskussion einem weiten Meinungsspektrum ausgesetzt. Die seinerzeitigen Grundpositionen manifestierten sich in der statischen, der dynamischen und der organischen Bilanztheorie, wobei die einzelnen Theorien bereits in frühen Jahren durch Weiterentwicklungen unterschiedliche Facetten erhielten. Im Grundsatz sollte der Jahresabschluß nach der statischen Bilanztheorie primär der Ermittlung des bilanziellen Reinvermögens[1] und nach der dynamischen Bilanztheorie der Ermittlung des betriebswirtschaftlichen Erfolges[2] dienen. In der organischen Bilanztheorie werden beide Zielsetzungen verbunden und über Eliminierung von Geldwertänderungen sowohl die richtige Feststellung des Vermögens als auch die Bestimmung des effektiven Erfolges angestrebt.[3]

Heute besteht international Einigkeit darüber, daß insbesondere bei der Konzernrechnungslegung die Informationsfunktion im Vordergrund steht.[4] Dennoch sind vorrangig die kontinental-europäischen Rechnungslegungssysteme noch von Rechnungslegungsprinzipien geprägt, die mit einer aussagefähigen, an den Informationsinteressen der Rechnungslegungsadressaten orientierten Betrachtungsweise nicht ohne weiteres vereinbar sind. Zu denken ist insbesondere an das Gläubigerschutzprinzip, auf das Normen, wie der Einzelbewertungsgrundsatz in strenger Auslegung, das Imparitätsprinzip oder das Anschaffungswertprinzip zurückgehen.

---

1) Vgl. Simon, Herman Veit: Die Bilanzen der Aktiengesellschaft und der Kommanditgesellschaft auf Aktien, Berlin 1886.

2) Vgl. Schmalenbach, Eugen: Dynamische Bilanz, 13. Aufl., Köln und Opladen 1962.

3) Vgl. Schmidt, Fritz: Die organische Tageswertbilanz, 3. Aufl. Wiesbaden 1951.

4) Vgl. Beaver, William: Financial Reporting: An Accounting Revolution. 2. Aufl. Englewood Cliffs 1989, S. 4; Schneider, Dieter: Bilanzrechtsprechung und wirtschaftliche Betrachtungsweise, BB 1980, S. 407; Wollmert, Peter: Die Konzernrechnungslegung von Versicherungsunternehmen als Infomationsinstrument, Marburg 1992, S. 17 ff; Pellens, Bernhard: Der Informationswert von Konzernabschlüssen, Wiesbaden 1989, S. 33.

Dem gegenüber steht die angelsächsische Rechnungslegungspraxis, die - verursacht durch die höhere Kapitalmarkteffizienz - stark investororientiert[5)] ist und dem international nunmehr unstreitigen Konzernrechnungslegungszweck erheblich näher ist.

Angesichts dieser international unterschiedlichen Leitvorstellungen über den Zweck und die Ausgestaltung der Rechnungslegung sind die in den Jahresabschlüssen enthaltenen Informationen von Unternehmen unterschiedlicher Provenienz ohne Kenntnis der jeweiligen nationalen Vorschriften nicht ohne weiteres vergleichbar.[6)]

Daraus resultierend wurde am 26.6.1973 das International Accounting Standards Committee (IASC) als privater Zusammenschluß von Berufsorganisationen aus neun Ländern gegründet. Das IASC setzte sich folgende Ziele:[7)]

- Formulierung und Veröffentlichung sowie Förderung der Akzeptanz und der Einhaltung von im öffentlichen Interesse stehenden Rechnungslegungsgrundsätzen, die bei der Aufstellung von Jahresabschlüssen beachtet werden sollen;

- Verbesserung und Harmonisierung von Normen, die im Zusammenhang mit der Aufstellung von Jahresabschlüssen stehen.

Die Rechnungslegungsnormen sollten dabei so ausgestaltet sein, daß sie von einem weiten Kreis von Bilanzlesern als Informationsgrundlage für deren ökonomische Entscheidungen verwendbar sind.[8)]

Mit diesen Zielsetzungen unterlag das IASC der Schwierigkeit, an sich unvereinbare Zielsetzungen zu verbinden, nämlich aussagefähige, d.h. insbesondere investororientierte Rechnungslegungsnormen zu erarbeiten und gleichzeitig einen internationalen Konsens bei unterschiedlichen nationalen Standpunkten herzustellen. In einer ersten Entwicklungsstufe (Standards bis 1988) ergab sich daraus das unbefriedigende Ergebnis, daß die Standards mit vielfältigen Wahlrechten ausgestattet waren, so daß sie im wesentlichen

---

5) Vgl. Baetge, Jörg: Begrüßung anläßlich des 10. Münsterischen Tagesgespräches am 29. April 1994, in: Die deutsche Rechnungslegung vor dem Hintergrund internationaler Entwicklungen, Baetge (Hrsg.), Düsseldorf 1994, S. 4.

6) Vgl. Dörner, Dietrich: Gegenstand und Zielsetzung des IASC, in IASC-Rechnungslegung - Beiträge zu aktuellen Problemen, Dörner/Wollmert (Hrsg.), Düsseldorf 1995, S. 3; Kleber, Herbert: Amerikanische Rechnungslegungsgrundsätze: Vorbild für Deutschland?, BFuP 1993, S. 380 ff.

7) Vgl. International Accounting Standards 1995, Preface to Statements of International Accounting Standards, Tz. 5.

8) Vgl. z.B. International Accounting Standards 1995, Framework for the Preparation and Presentation of Financial Statements, Tz. 12.

kompatibel mit den Rechnungslegungsnormen aller westlichen Industrieländer waren. Folglich waren die Akzeptanz der International Accounting Standards (IAS) und die Neigung sie anzuwenden äußerst gering. Die mangelnde Akzeptanz wurde dadurch verschärft, daß die Aufsteller und Benutzer als die unmittelbar betroffenen Kreise an der Entwicklung der IASC-Standards nicht beteiligt waren.[9)]

Aus dieser Erkenntnis heraus wurde in dem 1987 beschlossenen und 1989 als Exposure Draft E 32 vorgelegten Projekt "Comparability of Financial Statements" der Abbau von 29 Wahlrechten vorgeschlagen. Der Board einigte sich 1993 auf den Abbau von 21 Wahlrechten, woraus 10 sog. Revised Standards resultierten. Die 10 Revised Standards sind am 1.1.1995 in Kraft getreten und ersetzen die bis dahin geltenden Standards.[10)]

Seitdem erhalten die IAS nicht unerwartet erheblich stärkeren Zuspruch. Das macht sich insbesondere in Ländern mit weitgehend liberalen gesetzlichen Bilanzierungsvorschriften bemerkbar. So sind etwa in der Schweiz die IAS neben dem Obligationenrecht und den Verlautbarungen der Fachkommission FER (Fachkommission für Empfehlungen zur Rechnungslegung) zur gängigen Norm geworden. Aber auch einige deutsche Unternehmen wenden, soweit es das Handelsrecht zuläßt, inzwischen IAS an. Bemerkenswert ist dabei, daß der (Konzern-) Jahresabschluß bei diesen Unternehmen - unter Beachtung des Grundsatzes der Wesentlichkeit - sowohl den handelsrechtlichen Vorschriften als auch den Bilanzierungsrichtlinien des IASC entspricht.[11)]

Das IASC hat derzeit 110 Mitglieder aus 82 Ländern, darunter schon als Gründungsmitglieder das IDW und die WPK.[12)] Das nachfolgende Schaubild soll die Organisationsstruktur des IASC verdeutlichen:[13)]

9) Vgl. Schruff, Wienand: Die internationale Vereinheitlichung der Rechnungslegung nach den Vorschlägen des IASC - Gefahr oder Chance für die deutsche Bilanzierung?, BFuP 1993, S. 401.

10) Vgl. Kleekämper, Heinz: Aktivitäten und Tendenzen im IASC, in: IASC-Rechnungslegung, Beiträge zu aktuellen Problemen, Dörner/Wollmert (Hrsg.), Düsseldorf 1995, S. 108 f.

11) Bisher sind 4 Unternehmen aus der Presse bekannt, die ein Testat erhalten haben für einen Abschluß, der sowohl mit den Vorschriften des HGB als auch mit den IAS kompatibel ist: Alsen-Breitenburg Gruppe; Bayer AG; Heidelberger Zement AG; Schering AG.

12) Vgl. Kleekämper, Heinz: Aktivitäten und Tendenzen im IASC, in: IASC-Rechnungslegung, Beiträge zu aktuellen Problemen, Dörner/Wollmert (Hrsg.), Düsseldorf 1995, S. 103.

13) Haller, Axel: Die Rolle des International Accounting Standards Committee bei der weltweiten Harmonisierung der externen Rechnungslegung, DB 1993, S. 1298.

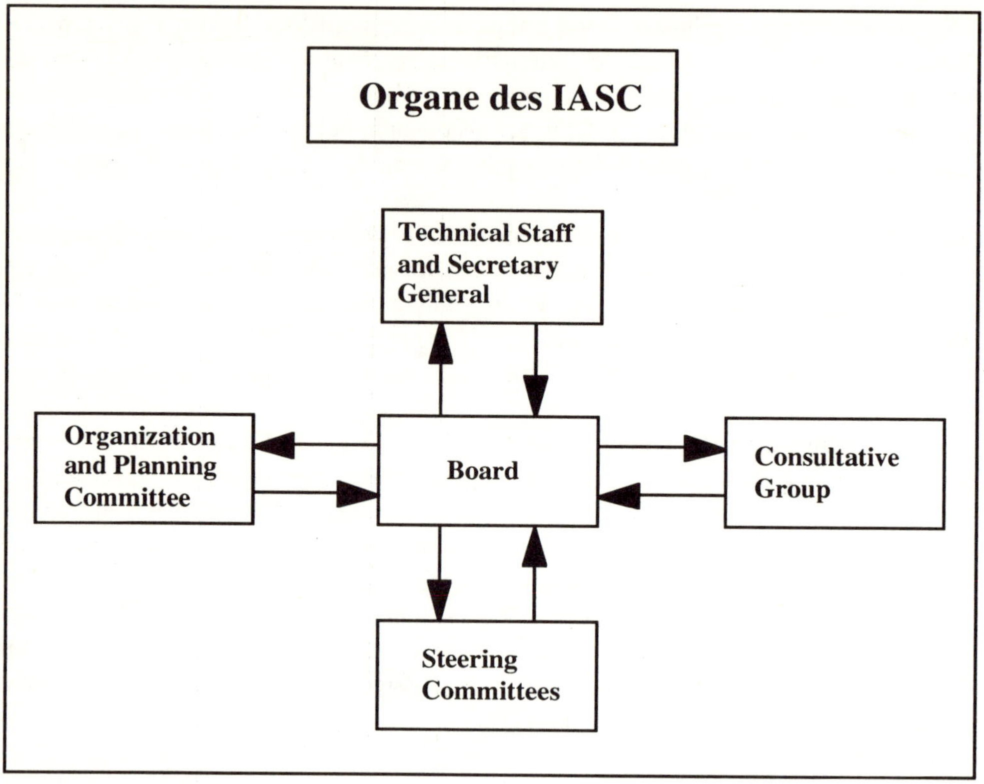

Die Geschäfte des IASC werden von dem Board geführt. Dem Board gehören derzeit Delegierte aus 13 Ländern, die der Council der International Federation of Accountants (IFAC) benennt, sowie Vertreter der International Coordination Committee of Financial Analysts Association an. Ein Vertreter der EU-Kommission hat Beobachterstatus. Aufgabe des Board ist es, Rechnungslegungsprojekte auszuwählen, Prioritäten unter den einzelnen Projekten festzulegen und die International Accounting Standards zu verabschieden.[14)]

Zu Abstimmungs- und Beratungszwecken finden zweimal jährlich gemeinsame Sitzungen zwischen dem Board und der Consultative Group statt. Die Consultative Group besteht

14) Vgl. Bolin, Manfred: Das International Accounting Standards Committee - Aufgaben, Organisation und Perspektiven, WPg 1990, S. 484.

aus 16 internationalen Organisationen, die als "users und preparers" von der Ausgestaltung der Rechnungslegungsgrundsätze unmittelbar betroffen sind.[15)]

Grundsätzlich für jedes Projekt des IASC wird vom Board ein Steering Committee eingesetzt, das üblicherweise vier Mitglieder aus im Board vertretenen Ländern bzw. Organisationen sowie Vertreter von Organisationen der Consultative Group umfaßt. Das Steering Committee ist für die Entwicklung der Standards zuständig, wobei ein festgelegter Entwicklungsprozeß einzuhalten ist. Das Steering Committee wird fachlich und organisatorisch von einem Projekt-Manager des IASC-Sekretariats unterstützt.[16)]

Das IASC hat als private Organsation keine rechtliche Handhabe, die Beachtung der Standards durchzusetzen. Das IASC kann seinen Einfluß lediglich indirekt über die Mitgliedsorganisationen geltend machen. Eine bedeutende Rolle kommt dabei der International Organization of Securities Commission (IOSCO) zu.

In der IOSCO haben sich die Börsenaufsichtsbehörden weltweit mit dem Ziel zusammengeschlossen, die grenzüberschreitende Zusammenarbeit bei der Börsenzulassung und der Börsenaufsicht zu fördern.[17)] Insoweit als die IOSCO die IASC-Vorschriften akzeptiert und Entsprechendes ihren Mitgliedsorganisationen weitergibt, kommen die IAS für börsennotierte Unternehmen im Wege des Verbandsrechts unmittelbar zur Anwendung.

Bisher hat die IOSCO ihren Mitgliedern jedoch lediglich empfohlen, die Kapitalflußrechnung nach IAS 7 anzuerkennen. Sie hat gleichsam beschlossen, vorerst keine weiteren Einzelempfehlungen auszusprechen, sondern abzuwarten bis das IASC zu allen wesentlichen Bilanzierungsfragen Standards entwickelt bzw. die bisherigen Standards ergänzt hat. Zu diesem Zweck hat die IOSCO eine Liste von sog. Core-Standards aufgestellt, in denen alle aus Sicht der IOSCO zwingenden Bilanzierungsfragen festgelegt sind.

---

15) Vgl. Kleekämper, Heinz: Rechnungslegung aus Sicht des IASC, in: Die deutsche Rechnungslegung vor dem Hintergrund internationaler Entwicklungen, Baetge (Hrsg.), Düsseldorf 1994, S. 46.

16) Vgl. Kleekämper, Heinz: Aktivitäten und Tendenzen im IASC, in: IASC-Rechnungslegung, Beiträge zu aktuellen Problemen, Dörner/Wollmert (Hrsg.), Düsseldorf 1995, S. 106 f.

17) Vgl. Biener, Herbert: Bedeutung und Chancen der IASC-Vorschriften als internationale Rechnungslegungsnorm, in: IASC-Rechnungslegung, Beiträge zu aktuellen Problemen, Dörner/Wollmert (Hrsg.), Düsseldorf 1995, S. 15.

2. Entstehung der IASC-Standards

Die konsequente Orientierung der IASC-Rechnungslegung an den Informationsbedürfnissen der Rechnungslegungsadressaten zeigt sich nicht nur in den Rechnungslegungsgrundsätzen selbst, sondern spiegelt sich bereits sehr deutlich im Vorfeld bei der Entwicklung der Rechnungslegungsstandards wider: Der interessierten Öffentlichkeit wird in erheblich stärkerem Maße als im kontinental-europäischen Normsetzungsprozeß die Möglichkeit eingeräumt, im Rahmen von schriftlichen Stellungnahmen Einfluß auf den Entwicklungsprozeß eines Standards zu nehmen.

Die Einbeziehung der interessierten Öffentlichkeit spielt gerade bei der Verabschiedung der International Accounting Standards (IAS) eine besondere Rolle, da diese das Ergebnis einer international gemeinsam getragenen Rechnungslegungskonzeption sein sollen[18)] und damit insbesondere die Hürde nationaler Eigenständigkeiten bewältigt werden muß. Die zahlreichen Stellungnahmen von Organisationen, Verbänden, Institutionen, Berufsstandsvertretern und Rechtsanwendern belegen sehr deutlich, welch großes Interesse die "users and preparers" an einer aktiven Beteiligung am "Standard Setting" haben.

Das IASC ist bemüht, vertretbare Standpunkte aus den Stellungnahmen der Öffentlichkeit so weit wie möglich zu verarbeiten. Dies führt dazu, daß sich der Entwicklungsprozeß eines IAS selten über einen Zeitraum von weniger als drei Jahren[19)] erstreckt, bei Kernproblemen, wie etwa Aspekten im Zusammenhang mit dem Realisationsprinzip, regelmäßig vier bis fünf Jahre dauert.

Im einzelnen gestaltet sich die Entwicklung eines IASC-Standards wie folgt:[20)]

- Erarbeitung von Grundlagenpapieren und eines Draft Point Outline der Mitarbeiter des IASC zur Vorbereitung einer Diskussion mit dem Vorsitzenden des Steering Committee.
- Treffen des Steering Committee zur Überarbeitung und Verabschiedung des Point Outline.

---

18) Vgl. Haller, Axel: Die Rolle des International Accounting Standards Committee bei der weltweiten Harmonisierung der externen Rechnungslegung, DB 1993, S. 1300.

19) Vgl. Schweizerische Vereinigung für Finanzanalyse und Vermögensverwaltung/ Arthur Andersen AG (Hrsg.): Transparente Rechnungslegung und Berichterstattung von Banken, Zürich 1994, S. 36.

20) Kleekämper, Heinz: Aktivitäten und Tendenzen im IASC, in: IASC-Rechnungslegung, Beiträge zu aktuellen Problemen, Dörner/Wollmert (Hrsg.), Düsseldorf 1995, S. 108 f.; vgl. auch Bolin, Manfred: Das International Accounting Standards Committee - Aufgaben, Organisation und Perspektiven, WPg 1990, S. 484.

- Beratung und Verabschiedung des Point Outline durch den Board und Diskussion mit der Consultative Group.
- Treffen des Steering Committee zur Erarbeitung eines Draft Statement of Principles (DSOP).
- Versendung des DSOP an Mitgliedsorganisationen und die interessierte Öffentlichkeit mit der Aufforderung zur Kommentierung.
- Treffen des Steering Committee zur Beratung über die eingegangenen Stellungnahmen zur DSOP und Verabschiedung eines Statement of Principles (SOP).
- Beratung und Verabschiedung des SOP durch den IASC-Board.
- Treffen des Steering Committee zur Beratung und Verabschiedung eines Exposure Draft (ED).
- Das IASC-Board verabschiedet den ED und diskutiert ihn mit der Consultative Group.
- Versendung des ED an Mitgliedsorganisationen und die interessierte Öffentlichkeit mit der Aufforderung zur Kommentierung.
- Treffen des Steering Committee zur Beratung über eingegangene Stellungnahmen zum ED und Verabschiedung eines Standards.
- Verabschiedung des neuen Standards durch den IASC-Board bei einem Mehrheitsverhältnis von 75 %.
- Veröffentlichung des Standards.

3. Konzeption der IASC-Rechnungslegung

Die IASC-Rechnungslegung besteht aus einem zweistufigen Regelwerk: dem sog. Framework sowie den einzelnen Standards.

Das Framework, das sich eng an das Conceptional Framework des Financial Accounting Standards Board (FASB) der USA anlehnt, kann als theoretischer Unterbau der IASC-Rechnungslegung verstanden werden. Es dient primär als konzeptionelle Grundlage für die Entwicklung neuer IASC-Standards, fungiert aber auch als Grundlage für eine deduktive Ableitung von Bilanzierungsfragen, die nicht explizit in den Standards geregelt sind.

Im Framework werden im einzelnen die Ziele der IASC-Rechnungslegung, die allgemeinen qualitativen Anforderungen an die Rechnungslegung sowie Fragen der Bilanzierungsfähigkeit und der Gewinnrealisierung in allgemeiner Form geregelt.

Da das Framework erst 1989 vom Board verabschiedet wurde, besteht keine volle Kompatibilität zwischen dem Framework und den bis zu diesem Zeitpunkt entwickelten Standards. Aufgrund dessen ist im Framewok geregelt, daß bei Zweifelsfragen die Einzelstandards dem Framework vorgehen.[21)]

Fraglich ist, welche Rechtsverbindlichkeit dem Framework bei der Auslegung von nicht in den Standards geregelten Fragen zukommt. Die Ausführungen von Hayn[22)] lassen vermuten, daß das Framework in derartigen Fällen verpflichtend wirkt. M.E. ist aber aus Textziffer 2 des Frameworks unzweifelhaft zu schlußfolgern, daß das Framework lediglich Empfehlungscharakter, mitnichten aber Verpflichtungscharakter hat. Diese Auffassung wird gestützt durch Bestrebungen des IASC, im Zusammenhang mit dem Projekt "Presentation of Financial Statements" Einzelgrundsätze des Frameworks in die Standards zu übernehmen, um diesen eine stärkere Rechtswirkung zu verleihen. Demzufolge kann der Abschlußprüfer im Rahmen der Testierung eines IASC-Abschlusses beispielsweise nicht verlangen, daß die im Framework formulierten Kriterien der Bilanzierungsfähigkeit[23)] beachtet werden und damit etwa nicht entgeltlich erworbene immaterielle Vermögensgegenstände des Anlagevermögens anzusetzen sind, ohne daß dies ein spezieller Standard vorschreibt.

Im Gegensatz zu dem Framework regeln die Einzelstandards - teilweise bilanzpostenorientiert, teilweise problemorientiert - Einzelfragen der Rechnungslegung. Die älteren Standards enthalten ergänzend einzelne Grundsatzaspekte der Rechnungslegung, wie das Vorsichtsprinzip (IAS 1.5) oder die Going Concern-Prämisse (IAS 1.3). Das ist zum einen darauf zurückzuführen, daß das Framework mit seinen grundsätzlichen Regelungen erst 1989 verabschiedet wurde. Zum anderen wollte das IASC bewußt drei Basisgrundsätze (Fundamental Accounting Assumptions) in den Standards geregelt wissen, die über den Einzelregelungen stehen und deren Nichtanwendung in jedem Falle eine Berichtspflicht auslöst. Es handelt sich dabei um den Grundsatz der Unternehmensfortführung, den Periodisierungsgrundsatz sowie das Stetigkeitsprinzip (vgl. IAS 1.3).

Bringt man sämtliche allgemeinen und speziellen Bilanzierungsgrundsätze des Frameworks und der Einzelstandards in eine hierarchische Struktur, so ergibt sich folgendes Bild:

---

21) International Accounting Standards 1995, Framework for the Preparation and Presentation of Financial Statements, Tz. 2.

22) Vgl. Hayn, Sven: Die International Accounting Standards. WPg 1994, S. 720.

23) Vgl. International Accounting Standards 1995, Framework for the Preparation and Presentation of Financial Statements, Tz. 82 ff.

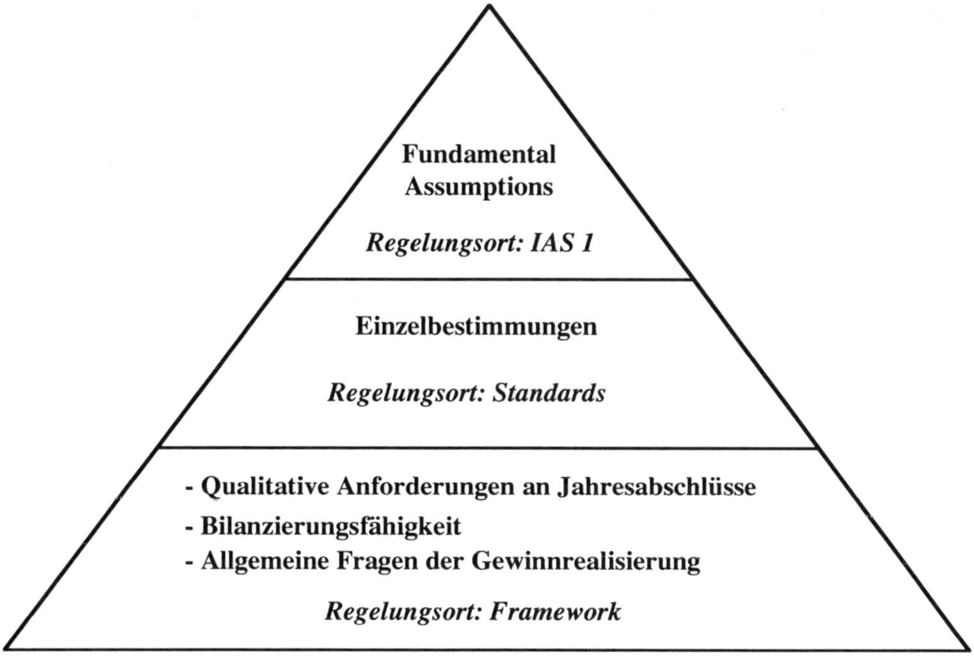

Es ist anzumerken, daß in der IASC-Rechnungslegung rein formal nahezu die gleichen Bilanzierungs- und Bewertungsgrundsätze wie in der deutschen Rechnungslegung gelten. Es sind insbesondere die Grundsätze der Vorsicht (IAS 1.5) und der Einzelbewertung (IAS 5.8) zu beachten. Die Grundsätze stehen jedoch in einem anderen Hierarchieverhältnis zueinander und unterliegen, mit Ausnahme der Basisgrundsätze, im Vergleich zur deutschen Rechnungslegung weitergehenden Ausnahmeregelungen durch die Einzelvorschriften (z.B. Möglichkeit der Portfoliobewertung bei den Wertpapieren des Umlaufvermögens als Ausnahmetatbestand zur Einzelbewertung; vgl. IAS 25.19). Die Unterschiede stehen in unmittelbarem Zusammenhang mit den unterschiedlichen Vorstellungen über den Zweck der Rechnungslegung in den beiden Rechnungslegungssystemen.

Der "True and Fair View" hat in der IASC-Rechnungslegung übereinstimmend mit der deutschen Rechnungslegung, aber anders als in der US-amerikanischen Rechnungslegung, nicht die Bedeutung eines "overriding principle". Im Framework wird herausgestellt, daß der Jahresabschluß bei Einhaltung der IASC-Standards sowie der ergänzenden Verlautbarungen des Framework grundsätzlich einen True and Fair View vermittelt.[24] Eine

24) Vgl. International Accounting Standards 1995, Framework for the Preparation and Presentation of Financial Statements, Tz. 46.

Möglichkeit, den Regelungsbereich der Standards unter Bezugnahme auf den True and Fair View zu verlassen, besteht damit nicht.

Teil II: Vergleichende Gegenüberstellung der handelsrechtlichen Vorschriften und der Bilanzierungsrichtlinien des IASC

1. Rechnungslegungsinstrumente[1)]

	HGB	IASC
Jahres-abschluß	Bilanz Gewinn- und Verlustrechnung Anhang (§ 264 Abs. 1)	Bilanz Gewinn- und Verlustrechnung Notes (im folgenden als Anhang bezeichnet) Kapitalflußrechnung (IAS P.5)
Sonstige Rechnungs-legungs-instrumente	Lagebericht (§ 289)	Directors´ Report (Presentation of Financial Statements - Point Outline, Tz. 30) Sonstige, nicht näher spezifizierte Rechnungslegungs-instrumente (z.B. Eigenkapital-spiegel) (IAS P.5)

1) Die nachfolgenden Angaben zu den IAS-Standards beziehen sich auf den Stand von 1995; die in 1995 vorgenommenen Umgliederungen bei den noch nicht revidierten Standards sind berücksichtigt.

2. Gliederung des Jahresabschlusses

2.1 Gliederungsgrundsätze

	HGB	IASC
Vorschriften für alle Kaufleute	GoB (§ 243 Abs. 1) Klarheit und Übersichtlichkeit (§ 243 Abs. 2)	Klarheit (IAS 5.6) Angabe Vorjahreszahlen (IAS 5.9) (Ausweis-) Stetigkeit (IAS 1.3) Qualitative Characteristics of Financial Statements - Verständlichkeit - Relevanz - Zuverlässigkeit - Vergleichbarkeit - True and Fair View (IAS F.24 ff.)
Ergänzende Vorschriften für Kapital-gesell-schaften	Gliederungsstetigkeit Angabe der Vorjahreszahlen Mitzugehörigkeitsvermerk Gliederungsergänzung bei mehreren Geschäftszweigen Gliederungserweiterung Änderung der Postengliederung und der Postenbezeichnung Zusammenfassung von Posten Leerpostenausweis (§ 265)	Keine

2.2 Gliederungsschema

	HGB	IASC
Bilanz	Kontoform (§ 266 Abs. 1)	Kontoform oder Staffelform (keine Rechtsnorm)
Gewinn- und Verlust-rechnung	Staffelform (§ 275 Abs. 1)	Kontoform oder Staffelform (keine Rechtsnorm)
Größen-/ rechtsform-abhängige Er-leichterungen	Ja (§ 266 Abs. 1; § 276)	Nein
Gliederungs-schema	Ja (§ 266 Abs. 2 und 3; § 275 Abs. 2 und 3)	Nein; lediglich Pflichtangaben (IAS 5.10 ff.; 5.18; 13.13 ff.)

3. Bilanzierungs- und Bewertungsgrundsätze

3.1 Bilanzierungsfähigkeit

	HGB	IASC
Vermögensgegenstände und Schulden	Keine gesetzliche Definition; Bilanzierung bei selbständiger Verkehrsfähigkeit; in Anlehnung an das Steuerrecht wird jedoch die selbständige Bewertbarkeit als ausreichend angesehen	Aktivierung (Passivierung), sofern der Posten in der Zukunft zu einem Kapitalzufluß (Kapitalabfluß) führt (IAS F.53-59)
Erträge und Aufwendungen	Keine gesetzliche Definition; Erfassung nach den allgemeinen Bilanzierungsgrundsätzen	Ertrag (Aufwand) ist Zunahme (Abnahme) eines wirtschaftlichen Nutzens (IAS F.74-80)
RAP; Bilanzierungshilfen	Bilanzierung aufgrund gesetzlicher Ausnahmetatbestände (§§ 250, 269, 274)	RAP und aktive latente Steuern stellen Vermögensgegenstände dar (vgl. z.B. IAS 12.31); Bilanzierungshilfen gibt es nicht

3.2 Bilanzierungsgrundsätze

	HGB	IASC
Vorschriften für alle Kaufleute	Beachtung der GoB (§ 243 Abs. 1) Vollständigkeitsgebot (§ 246 Abs. 1) Verrechnungsverbot (§ 246 Abs. 2) Maßgeblichkeit der Handelsbilanz für die Steuerbilanz (§ 5 Abs. 1 EStG)	Vollständigkeitsgebot (IAS 5.6) Verrechnungsverbot (IAS 5.8)

3.3 Bewertungsgrundsätze

	HGB	IASC
Vorschriften für alle Kaufleute	Bilanzidentität (§ 252 Abs. 1 Nr. 1)	(Eingeschränkte) Bilanzidentität (vgl. z.B. IAS 8.49)
	Going Concern (§ 252 Abs. 1 Nr. 2)	Going Concern (IAS 1.3; F.23)
	Stichtagsprinzip (§ 252 Abs. 1 Nr. 3)	Stichtagsprinzip (vgl. z.B. IAS 10.25, 28, 31)
	Einzelbewertung (§ 252 Abs. 1 Nr. 3)	Einzelbewertung (IAS F.82); aber Ausnahmen (z.B. IAS 25)
	Vorsichtsprinzip (§ 252 Abs. 1 Nr. 4)	Vorsichtsprinzip (prudence) (IAS 1.5, F.37)
	Periodisierung (§ 252 Abs. 1 Nr. 5)	Periodisierung (accrual) (IAS 1.3)
	Bewertungsstetigkeit (§ 252 Abs. 1 Nr. 6)	Bewertungsstetigkeit (IAS 1.3; F.39)
		Substance over Form (IAS 1.5)

4. Bilanzierung des Anlagevermögens

4.1 Begriff des Anlagevermögens

	HGB	IASC
Vorschriften für alle Kaufleute	Gegenstände, die dazu bestimmt sind, dauernd dem Geschäftsbetrieb zu dienen (§ 247 Abs. 2): - funktionale Sichtweise von untergeordneter Bedeutung - zeitliche Betrachtung von untergeordneter Bedeutung - liquiditätsorientierte Betrachtung irrelevant	Gegenstände, die nicht innerhalb eines Jahres oder eines längeren Produktionszyklusses zu einem Kapitalzufluß führen (IAS F.49; IAS 13.5, 13): - funktionale Sichtweise von untergeordneter Bedeutung - rein zeitliche Betrachtung - liquiditätsorientierte Betrachtung

4.2 Bilanzierung immaterieller Vermögensgegenstände

4.2.1 Ansatzvorschriften

	HGB	**IASC**
Grundsatz	Aktivierung, nur soweit entgeltlich erworben (§ 248 Abs. 2)	Aktivierung, soweit die definitorischen Voraussetzungen eines Aktivpostens vorliegen (IAS F.53)
Ausnahmen	Keine	Unentgeltlich erworbener Goodwill (IAS 22.40) Forschungskosten (IAS 9.15) Entwicklungskosten, soweit die definitorischen Voraussetzungen von IAS 9.17 nicht erfüllt sind
Neue Entwicklungen	Keine	Draft Statement of Principles on Intangible Assets (1/1994)

4.2.2 Bewertungsvorschriften

	HGB	IASC
Wertansatz	Anschaffungskosten (§ 253 Abs. 2)	Anschaffungskosten (IAS F.86; IAS 4.4)
Abschreibung **- Zeitraum**	Betriebsgewöhnliche Nutzungsdauer (teilweise steuerlich beeinflußt) (§ 253 Abs. 2)	Betriebsgewöhnliche Nutzungsdauer (IAS 4.5); Sonderregelungen für die Abschreibung des Goodwill
- Methode	IdR. linear (§ 253 Abs. 2 iVm. § 7 Abs. 1 EStG)	IdR. linear (IAS 4.5)

4.2.3 Bilanzierung des Goodwill

	HGB	IASC
Goodwill aus einem Asset Deal	Wahlrecht zwischen Sofortabschreibung und Aktivierung; soweit Aktivierung, Abschreibung zu mind. 1/4 oder planmäßig über die Nutzungsdauer (§ 255 Abs. 4)	Keine explizite Regelung; aus F.53 folgt aber Aktivierungspflicht
Positiver Goodwill aus der Konsolidierung	Aktivierungspflicht eines positiven Goodwill (§ 301 Abs. 3) Abschreibung zu mindestens 1/4 oder planmäßig über die Nutzungsdauer; offene Verrechnung mit den Rücklagen zulässig (§ 309 Abs. 1)	Aktivierungspflicht eines positiven Goodwill (IAS 22.42) IdR. lineare Abschreibung über max. 5 Jahre; in begründeten Ausnahmefällen Abschreibung über max. 20 Jahre (IAS 22.42)
Negativer Goodwill aus der Konsolidierung	Passivierungspflicht eines negativen Goodwill (§ 301 Abs. 3) Auflösung, soweit die ungünstige Situation eingetreten ist oder soweit der Posten einem realisierten Gewinn entspricht (§ 309 Abs. 2) Verrechnung mit den Rücklagen nur in besonderen Fällen (ADS § 309 Tz. 69)	Benchmark Treatment: Abstockung der nichtmonetären Buchwerte; erfolgswirksame Verteilung eines Restbetrages über max. 5 Jahre, in begründeten Ausnahmefällen über max. 20 Jahre (IAS 22.49) Allowed Alternative Treatment: Erfolgswirksame Verteilung des Gesamtbetrages über max. 5 Jahre, in begründeten Ausnahmefällen über max. 20 Jahre (IAS 22.51)

4.2.4 Bilanzierung von Forschungs- und Entwicklungskosten

	HGB	IASC
Begriffs-abgrenzung	Forschung: Im wesentlichen Grundlagenforschung Entwicklung: Im wesentlichen Produktentwicklung auf der Basis von Ergebnissen der Grundlagenforschung	Forschung: Im wesentlichen Grundlagenforschung (IAS 9.6) Entwicklung: Im wesentlichen Produktentwicklung auf der Basis von Ergebnissen der Grundlagenforschung (IAS 9.6)
Bilanzierung	Aktivierungsverbot (§ 248 Abs. 2)	Aktivierungsverbot für Forschungskosten Aktivierungspflicht für Entwicklungskosten, soweit Voraussetzungen von IAS 9.17 erfüllt sind, z.B. - Durchführbarkeit sicher - Markt liegt vor
Umfang der Aktivierung von Entwicklungskosten	Nicht relevant	Einzubeziehen sind: - Löhne und Gehälter des Forschungsbereichs - Abschreibungen auf das Sachanlagevermögen - Finanzierungskosten, soweit zuzuordnen - Sonstige Gemeinkosten Nicht einzubeziehen sind: - Kosten der allgemeinen Verwaltung - Vertriebskosten (IAS 9.11)
Abschreibung von Entwicklungskosten	Nicht relevant	Über den Zeitraum der Einnahmeerzielung (IAS 9.21)

4.2.5 Ausweis im Jahresabschluß

	HGB	IASC
Ausweis in der Bilanz	Aufgliederung gemäß § 266 Abs. 2	Aufgliederung gemäß IAS 5.12 (Aufgliederung kann auch im Anhang erfolgen)
Angaben im Anhang	Angabe der Bilanzierungs- und Bewertungsmethoden (§ 284 Abs. 2)	Angabe der Bilanzierungs- und Bewertungsmethoden (IAS 5.6) Zusatzangaben zur Bilanzierung von Forschungs- und Entwicklungskosten (IAS 9.30) Zusatzangaben zur Bilanzierung des positiven und des negativen Goodwill aus der Konsolidierung (IAS 22.72)

4.3 Bilanzierung des Sachanlagevermögens

4.3.1 Abgrenzung der Anschaffungskosten

	HGB	IASC
Grundsatz	Anschaffungskosten und Anschaffungsnebenkosten (§ 255 Abs. 1)	Anschaffungskosten und Anschaffungsnebenkosten (IAS 16.16)
Anschaffungs-nebenkosten	Nur Einzelkosten (§ 255 Abs. 1)	Nur Einzelkosten (IAS 16.16)
Anschaffungs-preisminde-rungen	Sind zu berücksichtigen (§ 255 Abs. 1)	Sind zu berücksichtigen (IAS 16.16)
Fremd-währungs-differenzen	Dürfen nicht berücksichtigt werden (GoB)	Dürfen bei wesentlichen Abwertungen berücksichtigt werden; Ausnahme: Hedge-Geschäfte (IAS 21.21, 22)
Tausch	Wahlrecht zwischen - Buchwertfortführung - Gewinnrealisierung - ergebnisneutrale Behandlung (Zuschreibung des Ertragsteueraufwands)	Tausch ähnlicher VG: Buchwert (IAS 16.23) Tausch verschiedenartiger VG: Tageswert der erworbenen VG (IAS 16.22)
Abgrenzung Herstellungs-/ Erhaltungs-aufwand	Substanzorientierte Betrachtung (R 157 b EStR)	Liquiditätsorientierte Betrachtung (im Ergebnis grundsätzlich kein Unterschied) (IAS 16.25)

4.3.2 Abgrenzung der Herstellungskosten

	HGB	IASC
Grundsatz	Wahlrecht zwischen Teil- und Vollkosten (§ 255 Abs. 2)	Vollkosten (nur produktionsbezogene Vollkosten) (IAS 16.19 iVm. IAS 2.10)
Einzelfragen		
- Allgemeine Verwaltungskosten	Einbeziehungswahlrecht (§ 255 Abs. 2 S. 4)	Einbeziehungsverbot (IAS 16.18)
- Leerkosten	Einbeziehungsverbot (GoB)	Einbeziehungsverbot (IAS 16.19)
- Vertriebskosten	Einbeziehungsverbot (§ 255 Abs. 2 S. 6)	Einbeziehungsverbot (IAS 16.19 iVm. IAS 2.14)
- Finanzierungskosten	Einbeziehungswahlrecht (§ 255 Abs. 3)	Einbeziehungswahlrecht (IAS 23.7; 23.11)

4.3.3 Bewertungsvorschriften

	HGB	IASC
Bewertungsansätze	Anschaffungs-/Herstellungskosten (./. planmäßige Abschreibungen) (§ 253 Abs. 2)	Benchmark Treatment: Anschaffungs-/Herstellungskosten (./. planmäßige Abschreibungen) (IAS 16.29) Allowed Alternative Treatment: Tageswerte (Neubewertung) (IAS 16.30)
Abschreibung **- Abschreibungsdauer**	betriebsgewöhnliche Nutzungsdauer; steuerlich beeinflußt (§ 253 Abs. 2; § 254)	Betriebsgewöhnliche Nutzungsdauer; nicht steuerlich beeinflußt (IAS 16.43)
- Abschreibungsmethode	Alle Methoden grundsätzlich zulässig; jedoch steuerliche Einschränkungen (§ 253 Abs. 2 S. 2; § 254)	Je nach Nutzung; idR. lineare Abschreibung (IAS 16.43)
- Berücksichtigung von Restwerten	Nein (idR.) (GoB)	Ja, soweit wesentlich (IAS 16.48)
- Besonderheiten bei der Tagesbewertumg	Nicht relevant	Abschreibung vom Tagesrestwert (IAS 16.48)

	HGB	IASC
Abschreibung - Außerplanmäßige Abschreibung	Abschreibungspflicht bei dauernder Wertminderung (§ 253 Abs. 2) Erfolgswirksame Verrechnung	Abschreibungspflicht (generell) (IAS 16.56) Bei Bewertung zu fortgeführten AK/HK: Erfolgswirksame Verrechnung Bei Bewertung zu Tageswerten: Zunächst Reduzierung der Neubewertungsrücklage, dann erfolgswirksame Verrechnung (IAS 16.56)
Zuschreibung	Wahlrecht bis fortgeführte AK/HK (§ 280 Abs. 2 iVm. § 6 Abs. 1 EStG) Erfolgswirksame Verrechnung	Zuschreibungspflicht (IAS 16.59, 60) Bei Bewertung zu fortgeführten AK/HK: Erfolgswirksame Verrechnung (IAS 16.59) Bei Bewertung zu Tageswerten: Erfolgswirksame Verrechnung, soweit Rückgängigmachung einer außerplanmäßigen Abschreibung; Rest: Neubewertungsrücklage (IAS 16.60 iVm. 16.39)

4.3.4 Bilanzierung bei Veräußerung

	HGB	IASC
Grundsatz	Erfolgswirksame Vereinnahmung des Veräußerungsgewinns (§ 252 Abs. 1 Nr. 4)	Erfolgswirksame Vereinnahmung des Veräußerungsgewinns (IAS 16.62) Bei Neubewertung, Umbuchung der Neubewertungsrücklage in die Gewinnrücklagen (IAS 16.41)
Ausnahmen	Tauschgeschäfte (GoB) Sonderposten mit Rücklageanteil (§ 247 Abs. 3 iVm. § 273)	Tauschgeschäfte (IAS 16.63 iVm. 16.22 ff.) Nicht relevant

4.3.5 Bilanzierung von Leasinggegenständen

	HGB	IASC
Arten von Leasing	Operate Leasing, Finance Leasing (BMF v. 19.4.1971, 21.3.1972)	Operate Leasing, Finance Leasing (IAS 17.3)
Kriterien für Finance Leasing	Vereinbarung einer (festen) Grundmietzeit Leasingraten während der Grundmietzeit decken die AK/HK sowie alle Nebenkosten (BMF v. 19.4.1971)	Übertragung der wesentlichen Risiken auf den Leasingnehmer, insbesondere wenn - Eigentumsübergang am Ende des Leasingvertrages - günstige Kaufoption - Grundmietzeit umfaßt wesentlichen Teil der Nutzungsdauer - Barwert der Leasingraten größer als der Tageswert des Leasinggegenstandes (IAS 17.7)
Zuordnung von Leasinggegenständen	Operate Leasing: Leasinggeber Finance Leasing: - Leasingnehmer, wenn Grundmietzeit < 40 % oder > 90 % der Nutzungsdauer - Leasinggeber, wenn Grundmietzeit $\geq$ 40 % bis 90 % der Nutzungsdauer (BMF v. 19.4.1971, 21.3.1972, 22.12.1975, 23.12.1991)	Operate Leasing: Leasinggeber Finance Leasing: Leasingnehmer (IAS 17.3)

	HGB	IASC
Zuordnung von Leasing-gegenständen	Sonderfälle: - Spezialleasing: Grundsätzlich Leasingnehmer; bzgl. der Zuordnung des Grund und Bodens gelten die allgemeinen Regelungen des Immobilien-leasing (vgl. nachfolgendes) - Zuordnung des Grund und Bodens beim Immobilien-leasing: Leasinggeber bei Leasingver-trägen ohne Kauf- oder Verlängerungsoption oder mit Mietverlängerungsoption; bei Leasingverträgen mit Kauf-option, Zuordnung zum Leasingnehmer, wenn auch das Gebäude dem Leasing-nehmer zuzuordnen ist - Leasingverträge mit Mietverlängerungsoption: Zuordnung in Abhängigkeit von der Höhe der Anschluß-miete - Non-Pay-out-Verträge: An Full-Pay-out-Verträge angelehnte Kriterien (BMF v. 19.4.1971, 21.3.1972, 22.12.1975, 23.12.1991)	Keine entsprechenden Regelungen

	HGB	IASC
Bilanzierung **- Operate Leasing**	Leasinggeber: - Leasingraten grundsätzlich sofort Ertrag; ist die Degression der Leasingraten größer als die Aufwandsdegression, Bildung eines passiven RAP; bei progressivem Verlauf der Leasingraten, Aktivierung der noch nicht fälligen Leasingraten unter den sonstigen Vermögensgegenständen (HFA 1/1989) - Aktivierung des Leasinggegenstandes in Höhe der AK/HK und Abschreibung über die Nutzungsdauer (BMF v. 19.4.1991, 21.3.1972) - Aufwendungen des Leasingvertrages: Aufwand bei Zahlung (HFA 1/89) Leasingnehmer: - Leasingraten grundsätzlich sofort Aufwand; bei degressiven Leasingraten, lineare Verteilung der Grundmietzeit durch Bildung eines aktiven RAP (BFH U v. 12.8.1982, DB 1982, S. 2383)	Leasinggeber: - Leasingraten bei jedweder Leasingstaffel linear zu vereinnahmen (IAS 17.46) - Aktivierung des Leasinggegenstandes in Höhe der AK/HK und Abschreibung über die Nutzungsdauer (IAS 17.44) - Aufwendungen des Leasingvertrages: Aufwand bei Zahlung oder Verteilung über die Laufzeit des Leasingvertrages (IAS 17.48) Leasingnehmer: - Leasingraten grundsätzlich sofort Aufwand; bei degressiven Leasingraten, im Regelfall lineare Verteilung der Leasingraten über die Grundmietzeit durch Bildung eines aktiven RAP (IAS 17.19)

	HGB	IASC
Bilanzierung **- Finance Leasing**	Zurechnung zum Leasinggeber: s. Operate Leasing Zurechnung zum Leasingnehmer: - Leasinggeber: - Aktivierung einer Kaufpreisforderung in Höhe der den Leasingraten zugrunde gelegten AK/HK - Auflösung der Forderung in Höhe des Tilgungsanteils der Leasingraten; der Tilgungsanteil ist annuitätisch oder vereinfachend digital zu ermitteln (BMF v. 19.4.1991, 21.3.1972) - Leasingnehmer: - Aktivierung des Leasinggegenstandes in Höhe der AK/HK des Leasinggebers zuzüglich AK/HK des Leasingnehmers - Abschreibung des Leasinggegenstandes über die Nutzungsdauer - Passivierung einer Verbindlichkeit in Höhe der AK/HK des Leasinggebers - Auflösung der Verbindlichkeit in Höhe des Tilgungsanteils der Leasingraten; der Tilgungsanteil ist annuitätisch oder vereinfachend digital zu ermitteln (BMF v. 19.4.1991, 21.3.1972)	Zurechnung zum Leasinggeber: nicht möglich Zurechnung zum Leasingnehmer: - Leasinggeber: - Aktivierung einer Kaufpreisforderung in Höhe der (Netto-) Aufwendungen des Leasinggebers - Auflösung der Forderung in Höhe des Tilgungsanteils der Leasingraten; der Tilgungsanteil ist annuitätisch zu ermitteln (IAS 17.30) - Leasingnehmer: - Aktivierung des Leasinggegenstandes in Höhe des Tageswerts des Leasinggegenstandes oder, soweit niedriger, dem Barwert der über die Grundmietzeit zu zahlenden Leasingraten (IAS 17.11) - Abschreibung des Leasinggegenstandes über die Nutzungsdauer (IAS 17.16) - Auflösung der Verbindlichkeit in Höhe des Tilgungsanteils der Leasingraten; der Tilgungsanteil ist annuitätisch oder vereinfachend digital zu ermitteln (IAS 17.30)

	HGB	IASC
- **Spezial-leasing**	Analog zur Behandlung des Finance Leasing bei Zurechnung zum Leasingnehmer	Analog zur Behandlung des Finance Leasing bei Zurechnung zum Leasingnehmer
- **Sale and Leaseback**	Keine Besonderheiten; Sofortverrechnung der Veräußerungsgewinne und Veräußerungsverluste	Back-Lease-Vertrag ist ein Finance Leasing-Vertrag: Lineare Vereinnahmung der Veräußerungsgewinne über die Laufzeit des Leasingvertrages (IAS 17.57) Back-Lease-Vertrag ist ein Operate Leasing-Vertrag: - Veräußerung zum Tageswert: Sofortige Vereinnahmung der Veräußerungsgewinne (IAS 17.59) - Veräußerung unter dem Tageswert, aber über dem Buchwert: Sofortige Vereinnahmung der Veräußerungsgewinne Ausnahme: Als Ausgleich werden niedrigere Leasingraten gewährt. In diesem Fall ist der Veräußerungsgewinn über die Laufzeit des Leasingvertrages zu vereinnahmen (IAS 17.59) - Veräußerung unter dem Buchwert: Sofortrealisierung des Veräußerungsverlustes (IAS 17.61)

	HGB	IASC
Ausweis in der Bilanz	Keine Besonderheiten	Leasingnehmer hat die Leasingverbindlichkeiten unter den sonstigen Verbindlichkeiten gesondert auszuweisen und nach kurz- und langfristigen Anteilen aufzugliedern (IAS 17.21)
Ausweis im Anhang	Leasingnehmer: Angabe der sonstigen finanziellen Verpflichtungen (§ 285 Nr. 3)	Leasingnehmer: - Übersicht über die sonstigen finanziellen Verpflichtungen, aufgegliedert nach Höhe und Zeitpunkt der künftigen Zahlungen (IAS 17.24) - Angabe von sonstigen Verpflichtungen, Ansprüchen und Optionsrechten (IAS 17.26) Leasinggeber: - Historische AK/HK des Leasingvermögens - Künftige Erträge aus laufenden Verträgen - Nicht garantierte Restwerte - Methode der ertragswirksamen Verrechnung der Leasingraten (IAS 17.53) - Bei hohen Beständen an Operate Leasing-Verträgen, Aufteilung des Leasingvermögens in wesentliche Anlageklassen (einschließlich der kumulierten Abschreibungen für jede Anlageklasse) (IAS 17.54)

4.3.6 Sonderfälle der Bilanzierung des Sachanlagevermögens

	HGB	IASC
Sachanlagevermögen, das für spekulative Zwecke gehalten wird (Investment properties)	Keine Besonderheiten	Wahlrecht, nach IAS 16 oder nach IAS 25 zu bewerten
GWG-Abschreibung	Ja (GoB)	Nicht vorgesehen
Investitionszuschüsse	Grundsätzlich Verteilung über die Nutzungsdauer (Kürzung der AK/HK oder gesonderter Passivposten); in Ausnahmefällen ertragswirksame Vereinnahmung zulässig (HFA 1/1984 idF. 1990)	Verteilung über die Nutzungsdauer (Kürzung der AK/HK oder gesonderter Passivposten) (IAS 20.12, 24)

4.3.7 Ausweis im Jahresabschluß

	HGB	**IASC**
Ausweis in der Bilanz	Aufgliederung gemäß § 266 Abs. 2	Aufgliederung gemäß IAS 5.11 (Aufgliederung kann auch im Anhang erfolgen)
	Anlagenspiegel (wahlweise im Anhang) (§ 268 Abs. 2)	Anlagenspiegel (wahlweise im Anhang) (IAS 16.66)
Angaben im Anhang	Angabe der Bilanzierungs- und Bewertungsmethoden (§ 284 Abs. 2)	Angabe der Bilanzierungs- und Bewertungsmethoden (IAS 16.66)
		Zusatzangaben zur Neubewertung (IAS 16.70)
		Abnahmeverpflichtungen für Anlagegegenstände (IAS 16.67 e)
		U.a.m. (vgl. im einzelnen IAS 16.66 ff.)

4.4 Bilanzierung des Finanzanlagevermögens

4.4.1 Bilanzierung von Wertpapieren des Anlagevermögens

	HGB	IASC
Wertansatz	Anschaffungskosten (§ 253 Abs. 2)	Anschaffungskosten oder Tageswerte; bei Anteilspapieren zusätzlich der niedrigere Wert von Anschaffungskosten und Marktwert, bestimmt auf Portfoliobasis (IAS 25.23)
Disagio	Abgrenzungspflicht der Erträge (§ 252 Abs. 1 Nr. 4)	Abgrenzungspflicht der Erträge (IAS 25.18)
	Linearer Ertragsverlauf (GoB)	Annuitätischer Ertragsverlauf (IAS 25.18)
Abschreibung	Abschreibungspflicht bei dauernder Wertminderung (§ 253 Abs. 2)	Abschreibungspflicht bei dauernder und vorübergehender Wertminderung
	Abschreibungswahlrecht bei vorübergehender Wertminderung (§ 279 Abs. 1)	
	Jeweils erfolgswirksame Verrechnung der Abschreibungen	Bei Tagesbewertung (Neubewertung) zunächst erfolgsneutrale Kürzung der Neubewertungsrücklage; erst dann erfolgswirksame Verrechnung der Abschreibungen; soweit keine Tagesbewertung, generell erfolgswirksame Verrechnung der Abschreibungen (IAS 25.32)

4.4.2 Bilanzierung von Anteilen an assoziierten Unternehmen

	HGB	IASC
Wertansatz im Einzel-abschluß	Anschaffungskosten (§ 253 Abs. 2)	Unterscheidung, ob ein Konzernabschluß aufgestellt wird oder nicht (vgl. im einzelnen IAS 28.12 ff.)
Wertansatz im Konzern-abschluß	Equity-Methode	Equity-Methode; Ausnahme: Anschaffungskosten, wenn Ergebnisausschüttungen an das beteiligte Unternehmen nachhaltigen Beschränkungen unterliegen oder die Anteile zur Veräußerung bestimmt sind (IAS 28.8)

4.4.3 Bilanzierung von Anteilen an verbundenen Unternehmen

	HGB	IASC
Wertansatz im Einzel-abschluß	Anschaffungskosten (§ 253 Abs. 2)	Unterscheidung, ob das verbundene Unternehmen in den Konzernabschluß einbezogen wird oder nicht vgl. im einzelnen (IAS 27.29)
Erfassung im Konzern-abschluß	Konsolidierung nach der Purchase Methode oder der Pooling-of-Interests-Methode (§§ 301, 302)	Konsolidierung nach der Purchase Methode oder der Pooling-of-Interests-Methode (IAS 22) Die Anwendung der Pooling-of-Interests-Methode unterliegt engeren Voraussetzungen als im Handelsrecht (vgl. im einzelnen IAS 22.61 ff.)

4.4.4 Ausweis im Jahresabschluß

	HGB	IASC
Ausweis in der Bilanz	Aufgliederung gemäß § 266 Abs. 2	Aufgliederung gemäß IAS 5.12 (Aufgliederung kann auch im Anhang erfolgen)
Angaben im Anhang	Angabe der Bilanzierungs- und Bewertungsmethoden (§ 284 Abs. 2)	Angabe der Bilanzierungs- und Bewertungsmethoden (IAS 25.49; IAS 27.32 c, IAS 28.27) Anleihenspiegel (IAS 25.41 b) Angaben zur Neubewertung (IAS 25.49) Aufgliederung des Finanzergebnisses (auch in der Bilanz möglich) (IAS 25.49 b) U.a.m. (vgl. im einzelnen IAS 25, 27 und 28)

5. Bilanzierung des Umlaufvermögens

5.1 Bilanzierung der Vorräte

5.1.1 Begriff des Vorratsvermögens

	HGB	IASC
Vorschriften für alle Kaufleute	Vermögensgegenstände, die zum Verbrauch oder zur Weiterveräußerung angeschafft oder hergestellt worden sind (Beck-Kom. § 247 Tz. 60) Kokretisierung durch Bilanzgliederungsschema (vgl. § 266 Abs. 2)	Vermögensgegenstände, - die zum Verkauf im Rahmen des gewöhnlichen Geschäftsbetriebs vorgesehen sind - die sich in der Produktion befinden und für Zwecke der Veräußerung im Rahmen des gewöhnlichen Geschäftsbetriebs vorgesehen sind - Roh-, Hilfs- und Betriebsstoffe, die für den Herstellungsprozeß oder im Rahmen der Erbringung von Dienstleistungen verbraucht werden (IAS 2.4)

5.1.2 Abgrenzung der Anschaffungskosten

	HGB	IASC
Grundsatz	Anschaffungskosten und Anschaffungsnebenkosten (§ 255 Abs. 1)	Anschaffungskosten und Anschaffungsnebenkosten (IAS 2.7)
Anschaffungs-nebenkosten	Nur Einzelkosten (§ 255 Abs. 1)	Nur Einzelkosten (IAS 2.8)
Anschaffungs-preisminde-rungen	Sind zu berücksichtigen (§ 255 Abs. 1)	Sind zu berücksichtigen (IAS 2.8)
Fremdwäh-rungs-differenzen	Dürfen nicht berücksichtigt werden (GoB)	Dürfen bei wesentlichen Ab-wertungen berücksichtigt werden; Ausnahme: Hedge-Geschäfte (IAS 2.9 iVm. 21.21)

5.1.3 Abgrenzung der Herstellungskosten

	HGB	IASC
Grundsatz	Wahlrecht zwischen Teil- und Vollkosten (§ 255 Abs. 2)	Vollkosten (nur produktionsbezogene Vollkosten) (IAS 2.7)
Einzelfragen		
- Allgemeine Verwaltungskosten	Einbeziehungswahlrecht (§ 255 Abs. 2 S. 4)	Einbeziehungsverbot (IAS 2.14)
- Leerkosten	Einbeziehungsverbot (GoB)	Einbeziehungsverbot (IAS 2.11)
- Vertriebskosten	Einbeziehungsverbot (§ 255 Abs. 2 S. 6)	Einbeziehungsverbot (IAS 2.14)
- Finanzierungskosten	Einbeziehungswahlrecht (§ 255 Abs. 3)	Einbeziehungsverbot (IAS 23.6)

5.1.4 Bewertungsvorschriften

	HGB	IASC
Bewertungs-methoden	Einzelbewertung (§ 252 Abs. 1 Nr. 3) Verbrauchsfolgeverfahren (§ 256) Durchschnittsbewertung (§ 240 Abs. 4) Gruppenbewertung (§ 240 Abs. 4) Festbewertung (§ 240 Abs. 3)	Einzelbewertung (IAS F.82) Verbrauchsfolgeverfahren (IAS 2.21-24) Durchschnittsbewertung (IAS 2.21) Retrograde Bewertung (IAS 2.17) Standardkostenbewertung (IAS 2.17)
Abwertungen	Strenges Niederstwertprinzip; Wertkategorien nach § 253 Abs. 3 (Abwertungspflicht auf den niedrigeren Börsen- oder Marktpreis) Abwertungswahlrechte - bei künftigen Wertschwankungen (§ 253 Abs. 3 S. 3) - im Hinblick auf steuerliche Werte (§ 254) - nach vernünftiger kaufmännischer Beurteilung (nur Personengesellschaften) (§ 253 Abs. 4)	Strenges Niederstwertprinzip; Wertkategorien nach IAS 2.25 (Abwertungspflicht auf den niedrigeren Börsen- oder Marktpreis) Keine Abwertungswahlrechte
Zuschreibung	Zuschreibungswahlrecht (§ 280 Abs. 2 iVm. § 6 Abs. 1 Nr. 2 EStG)	Zuschreibungspflicht (IAS 2.31)

5.1.5 Bilanzierung bei langfristiger Fertigung

	HGB	IASC
Grundsatz	Completed-Contract-Methode (§ 252 Abs. 1 Nr. 4)	Percentage-of-Completion-Methode (IAS 11.22)
Ausnahmen	Teilgewinnrealisierung, wenn Teilabrechnungen vorliegen (ADS, § 252 Tz. 84)	Gesamtergebnis nicht bestimmbar, positives Gesamtergebnis erwartet: Erträge werden in Höhe der angefallenen Aufwendungen verrechnet (IAS 11.33) Gesamtergebnis nicht bestimmbar, negatives Gesamtergebnis erwartet: Verlustantizipation; ansonsten keine Verrechnung von Aufwendungen und Erträgen (IAS 11.33)
Verluste	Antizipationspflicht (§ 252 Abs. 1 Nr. 4)	Antizipationspflicht (IAS 11.36)
Anzahlungen	Dürfen offen von den Vorräten abgesetzt werden (§ 268 Abs. 5)	Dürfen von den Vorräten abgesetzt werden (IAS 13.21)

5.1.6 Ausweis im Jahresabschluß

	HGB	IASC
Ausweis in der Bilanz	Aufgliederung gemäß § 266 Abs. 2	Gesonderter Posten in der Bilanz IAS 5.13 d)
		Aufgliederung in der Bilanz oder im Anhang, soweit nach den Grundsätzen der Klarheit und Wesentlichkeit erforderlich (IAS 1.5, 8)
	Erhaltene Anzahlungen dürfen von den Vorräten offen abgesetzt werden (§ 268 Abs. 5)	Erhaltene Anzahlungen dürfen nur bei langfristigen Fertigungsaufträgen von den Vorräten abgesetzt werden (IAS 13.21)
	Geleistete Anzahlungen auf Vorräte sind unter den Vorräten auszuweisen (§ 266 Abs. 2)	Geleistete Anzahlungen auf Vorräte sind gesondert außerhalb der Vorräte auszuweisen (IAS 13.13 e)
Angaben im Anhang	Angabe der Bilanzierungs- und Bewertungsmethoden (§ 284 Abs. 2)	Angabe der Bilanzierungs- und Bewertungsmethoden (IAS 2.34 a)
		Zuschreibungsbeträge und deren Ursachen (IAS 2.34 d, e)
		Sicherungsübereignete Vorräte (IAS 2.34 f)
		Zusatzangaben für langfristige Fertigungsaufträge (IAS 11.42 ff.)

5.2 Bilanzierung der Forderungen

5.2.1 Ansatz- und Bewertungsvorschriften

	HGB	IASC
Bilanzierung	Gewinnrealisierende Forderungen: bei Ertragsrealisierung	Gewinnrealisierende Forderungen: bei Ertragsrealisierung
Bewertung (Grundsatz)	Nominalwert	Nominalwert
Fremdwährungsforderungen	Historischer Kurs oder niedrigerer Kurs am Bilanzstichtag (§ 252 Abs. 1 Nr. 4) Bei kurzfristigen Forderungen wird auch die Umrechnung zum Stichtagskurs grundsätzlich für zulässig gehalten (ADS § 253 Tz. 92)	Stichtagskurs (IAS 21.11 a)
Abwertungen	Strenges Niederstwertprinzip (§ 253 Abs. 3) Verpflichtung zum Ansatz von Einzel- und Pauschalwertberichtigungen (vgl. HHR § 6, Anm. 607) Vorsichtige Bewertung (§ 252 Abs. 1 Nr. 4)	Wertberichtigungen nur für Einzelfallrisiken (IAS 10.15) Eingeschränkt vorsichtige Bewertung (IAS 10.11)
Zuschreibungen	Zuschreibungswahlrecht (§ 280 Abs. 2 iVm. § 6 Abs. 1 Nr. 2 EStG)	Zuschreibungspflicht (IAS F.53, 89)

5.2.2 Ausweis im Jahresabschluß

	HGB	IASC
Ausweis in der Bilanz	Als eigenständige Position innerhalb des Umlaufvermögens mit weitgehend vorgegebener Aufgliederung (§ 266 Abs. 2) Angabe der Forderungen mit einer Restlaufzeit von mehr als einem Jahr (§ 268 Abs. 4)	Als eigenständige Position im Rahmen der kurzfristigen Vermögensgegenstände mit weniger strikter Gliederung (IAS 5.13; 1.5) Ausgliederung der Forderungen, die nicht innerhalb eines Jahres fällig sind, bzw. Angabe des Betrages, der nicht innerhalb eines Jahres fällig ist (IAS 13.13 c)
Angaben im Anhang	Organbeziehungen (§ 285 Nr. 9 c)	Organbeziehungen (IAS 5.13, 15) Related Party-Angaben (IAS 24)

5.3 Bilanzierung der Wertpapiere des Umlaufvermögens

5.3.1 Ansatz- und Bewertungsvorschriften

	HGB	IASC
Abgrenzung	Anteile, die nicht dazu bestimmt sind, dauernd dem Geschäftsbetrieb zu dienen (§ 247 Abs. 2) Berücksichtigung eigener Anteile (Beck-Kom. § 266 Abs. 2, § 272 Abs. 4)	Anteile, die im normalen Geschäftsverkehr veräußerbar sind und nicht länger als ein Jahr gehalten werden sollen (IAS 25.4) Berücksichtigung eigener Anteile; Verrechnung mit dem Eigenkapital explizit verboten (IAS 5.17
Definition der Anschaffungskosten	Anschaffungkosten und Anschaffungsnebenkosten (§ 255 Abs. 1)	Anschaffungskosten und Anschaffungsnebenkosten (IAS 25.15)
Bewertung	Anschaffungskosten oder niedrigerer beizulegender Wert (§ 253 Abs. 3)	Marktwert oder niedrigerer Wert zwischen Marktwert und Anschaffungswert (IAS 25.46)
Abwertungen	Strenges Niederstwertprinzip; Wertkategorien nach § 253 Abs. 3 (Abwertungspflicht auf den niedrigeren Börsen- oder Marktpreis) Abwertungswahlrechte: - Im Hinblick auf künftige Wertschwankungen (§ 253 Abs. 3 S. 3) - Im Hinblick auf steuerliche Wertansätze (§ 254) - Nach vernünftiger kaufmännischer Beurteilung (nur Personengesellschaften) (§ 253 Abs. 4)	Strenges Niederstwertprinzip; Wertkategorien nach IAS 25.19 (Abwertungspflicht auf den niedrigeren Börsen- oder Marktpreis) Abwertungswahlrechte: Keine

	HGB	IASC
Zuschreibung	Zuschreibungswahlrecht (§ 280 Abs. 2 iVm. § 6 Abs. 1 Nr. 2 EStG)	Zuschreibungspflicht (IAS F.53, 89)
Übertragung stiller Reserven	Begrenzte Übertragung (§ 6 b Abs. 1 EStG)	Keine Übertragung möglich

5.3.2 Ausweis im Jahresabschluß

	HGB	IASC
Ausweis in der Bilanz	Aufgliederung gemäß § 266 Abs. 2	Gesonderter Posten im Umlaufvermögen (IAS 13.13 b) Gesonderter Ausweis der börsennotierten Wertpapiere (Angabe auch im Anhang möglich) IAS 5.13 b)
Angaben im Anhang	Bilanzierungs- und Bewertungsmethoden (§ 284 Abs. 2 Nr. 1) Angabe unterlassener Zuschreibungen (§ 280 Abs. 3) Angabe eigener Aktien (§ 106 AktG)	Bilanzierungs- und Bewertungsmethoden (IAS 25.49 a (i)) Behandlung von Marktpreisveränderungen von Wertpapieren, die zu Marktpreisen bewertet werden (IAS 25.49 a (ii)) Marktwert der Wertpapiere, die nicht zu Marktpreisen bewertet werden (IAS 25.49 c) Zinserträge (IAS 25.49 b (i)) Gewinne und Verluste aus der Veräußerung (IAS 25.49 (ii))

6. Bilanzierung der aktiven Rechnungsabgrenzungsposten

6.1 Ansatz- und Bewertungsvorschriften

	HGB	IASC
Aktivierungs-pflichten	Ausgaben vor dem Bilanzstich-tag, die Aufwand für eine be-stimmte Zeit nach diesem Tag darstellen (§ 250 Abs. 1)	Ausgaben vor dem Bilanzstich-tag, die Aufwand für eine be-stimmte Zeit nach diesem Tag darstellen (IAS 1.4) Als Aufwand verrechnete Zölle und Verbrauchssteuern, soweit sie auf Vorräte entfallen Disagio (IAS 25.18)
Aktivierungs-wahlrechte	Als Aufwand berücksichtigte Zölle, Verbrauchsteuern und Umsatzsteuer (§ 250 Abs. 1 S. 2) Disagio (§ 250 Abs. 3)	Keine

6.2 Ausweis im Jahresabschluß

	HGB	IASC
Ausweis in der Bilanz	Ausweis in einem gesonderten Posten (§ 266 Abs. 2)	Ausweis unter den Forderungen (IAS 5.13 c) Aufteilung in lang- und kurzfristige Bestandteile, sofern die Bilanz nach kurz- und langfristigen Posten gegliedert ist (IAS 13.7, 13.18 f)
Angaben im Anhang	Keine besonderen Angaben	Keine besonderen Angaben

7. Bilanzierung des Eigenkapitals

7.1 Darstellung in der Bilanz

	HGB	IASC
Aufgliederung in der Bilanz	Vgl. Bilanzgliederungsschema gemäß § 266 Abs. 3; Sondervorschriften bei Aufstellung der Bilanz nach teilweiser oder vollständiger Gewinnverwendung (vgl. § 270 Abs. 2)	Keine verbindliche Gliederungsstruktur; Angabepflichten nach IAS 5.17
Ausweis ausstehender Einlagen	a) Vor dem Anlagevermögen; Vermerk der eingeforderten Einlagen b) Offener Absatz der nicht eingeforderten Einlagen von dem Gezeichneten Kapital; Ausweis der eingeforderten Einlagen unter den Forderungen (§ 272 Abs. 1)	Sachverhalt nicht geregelt; ein Aktivposten darf dennoch nicht angesetzt werden, da die definitorischen Voraussetzungen eines Aktivpostens nicht erfüllt sind (vgl. IAS F.53)

7.2 Sonderposten des Eigenkapitals

	HGB	IASC
	Eigenkapitalanteil von Wertaufholungen (Wahlrecht) (§ 58 Abs. 2 a) AktG; § 29 Abs. 4 GmbHG)	Neubewertungsrücklage (IAS 16.39; 25.32)

7.3 Angaben im Anhang

	HGB	IASC
Angaben im Anhang	Sondervorschriften im Anhang von Aktiengesellschaften und Kommanditgesellschaften auf Aktien (§ 160 AktG)	Rechtsformunabhängige Angaben, die entweder in der Bilanz oder im Anhang zu machen sind (vgl. IAS 5.17)

8. Bilanzierung des Sonderpostens mit Rücklageanteil

8.1 Ansatz- und Bewertungsvorschriften

	HGB	IASC
Bilanzierung	Passivposten, die für Zwecke der Steuern vom Einkommen und vom Ertrag zulässig sind (§§ 247 Abs. 3; 273) Unterschiedsbetrag zwischen der Abschreibung nach § 253 iVm. § 279 und der nach § 254 zulässigen Bewertung (§ 281 Abs. 1)	Keine Bilanzierung, da kein formaler Zusammenhang zwischen Handels- und Steuerbilanz

8.2 Ausweis im Jahresabschluß

	HGB	IASC
Ausweis in der Bilanz	Vor den Rückstellungen (§ 273 S. 2)	Nicht relevant
Angaben im Anhang	Vorschriften, nach denen der Posten gebildet wurde (§§ 273 S. 2; 281 Abs. 1)	Keine

9. Bilanzierung der Rückstellungen

9.1 Ansatz- und Bewertungsvorschriften

	HGB	**IASC**
Bilanzierung (allgemein)	Bei wirtschaftlicher Verursachung oder rechtlicher Entstehung; aufgrund des Vorsichtsprinzips genügt vage Möglichkeit der Inanspruchnahme (GoB; § 252 Abs. 1 Nr. 4)	Wenn ein für die wirtschaftliche Lage des Unternehmens negatives Ereignis - wahrscheinlich ist und dieses - mit ausreichender Sicherheit bewertbar ist (IAS 10.8)
Bilanzierung (speziell)		
- Drohverlustrückstellungen	Passivierungspflicht (§ 249 Abs. 1)	Passivierungspflicht (IAS 10.8)
- Verbindlichkeitsrückstellungen	Passivierungspflicht (§ 249 Abs. 1)	Passivierungspflicht (IAS 10.8)
- Aufwandsrückstellungen	Teilweise Passivierungspflicht, teilweise Passivierungswahlrecht (§ 249 Abs. 1 und 2)	Grundsätzlich Passivierungsverbot (IAS 10.3)
Bewertung	Nach vernünftiger kaufmännischer Beurteilung (§ 253 Abs. 1)	Nach vernünftiger kaufmännischer Beurteilung (restriktiver als das HGB) (IAS 10.19)

9.2 Ausweis im Jahresabschluß

	HGB	IASC
Ausweis in der Bilanz	Aufgliederung gemäß § 266 Abs. 3	Aufgliederung gemäß IAS 5.16 (Aufgliederung kann auch im Anhang erfolgen)
Angaben im Anhang	Angabe der Bilanzierungs- und Bewertungsmethoden (§ 284 Abs. 2)	Angabe von Art, Höhe und Risiken der Verpflichtungen (IAS 10.22) Zusatzvorschriften für Pensionsverpflichtungen und Rückstellungen für latente Steuern (vgl. im einzelnen IAS 19.51 ff.; IAS 12.53 ff.)

9.3 Bilanzierung von Pensionsrückstellungen

	HGB	IASC
Bilanzierung	Passivierungspflicht (§ 249 Abs. 1); in Deutschland Pensionspläne mit Leistungsprimat üblich Eintrittsaltergrenzen, soweit Ansatz steuerlicher Werte (§ 6a Abs. 1 EStG)	Passivierungspflicht bei Pensionsplänen mit Leistungsprimat; Aufwand zum Zeitpunkt der Zahlung bei Pensionsplänen mit Beitragsprimat (IAS 19.18; 19.25)
Bewertung **- Bewertungsmethode**	Gleichverteilungsverfahren (hier: Teilwertverfahren) (HFA 2/1988)	Benchmark Methode: Barwertverfahren (Anwartschaftsdeckungsverfahren) (IAS 19.42) Allowed Alternative Methode: Gleichverteilungsverfahren (IAS 19.44)
Bewertung **- Dynamikannahmen**	Wahlrecht, den Gehalts- und Rententrend zu berücksichtigen, soweit dieser nicht im Zins berücksichtigt ist (HFA 2/88)	Pflicht zur Berücksichtigung von Gehalts- und Rententrend (IAS 19.46)
- Planänderungen	Unmittelbare Aufwandsverrechnung (§ 253 Abs. 1 Nr. 4)	Wahlrecht zwischen unmittelbarer Aufwandsverrechnung und Verteilung über die durchschnittliche Restlebensarbeitszeit der Mitarbeiter (idR. 15 Jahre) (IAS 19.28) Sonderfall: Planänderungen bei laufenden Renten: Unmittelbare Aufwandsverrechnung (IAS 19.38)

	HGB	IASC
Bewertung **- Änderung der versicherungsmathematischen Annahmen oder von Erfahrungswerten**	Unmittelbare Aufwandsverrechnung (§ 252 Abs. 1 Nr. 4)	Wahlrecht zwischen unmittelbarer Aufwandsverrechnung und Verteilung über die durchschnittliche Restlebensarbeitszeit der Mitarbeiter (idR. 15 Jahre) (IAS 19.28)
- Zinssatz	3 bis 6 % (HAFA 2/1988)	Langfristiger Kapitalmarktzins (IAS 19.48 a)
- Bewertung des Planvermögens	Funding in Deutschland nicht üblich	Tageswert (IAS 19.48 c)
Ausweis **- Bilanz**	Sonderposten im Rahmen der Rückstellungen (§ 266 Abs. 3)	Sonderposten im Rahmen der Rückstellungen, soweit wesentlich (IAS 1.5) Aufteilung in kurz- und langfristig fällige Teile, sofern die Bilanz nach kurz- und langfristigen Posten gegliedert ist (IAS 13.7; 13.15 b)
- Anhang	Angabe der Bilanzierungs- und Bewertungsmethoden (§ 284 Abs. 2 Nr. 1)	Angabe der Bilanzierungs- und Bewertungsmethoden Beschreibung des Personalplans Hinweis, ob Funding Pensionsaufwand Beschreibung der wesentlichen versicherungsmathematischen Annahmen (IAS 19.51)

	HGB	IASC
Ausweis **- Anhang**		Angabe der Häufigkeit der Einholung von versicherungsmathematischen Gutachten; Datum des letzten Gutachtens Sonstige Angaben, wie Planschließungen Insgesamt: Separate Angaben für jeden einzelnen Pensionsplan (IAS 19.51)

9.4 Bilanzierung von Rückstellungen für latente Steuern

	HGB	IAS 12	E 49
Abgrenzungs-gegenstand	Timing Differences (§ 274)	Timing Differences (IAS 12.18)	Temporary Differences (E 49.12)
Quasi-permanente Differenzen?	Ja (ADS § 274 Tz 16)	Ja (IAS 12.18)	Nein
Methoden der Steuerab-grenzung	Elemente der Deferred und der Liability Methode (Hille, S. 197)	Wahlrecht zwischen der Deferred und der Liability Methode (IAS 12.10)	Bilanzorientierte Liability Methode (E 49.17)
Steuersatz	KSt: Thesaurierungs-belastung GewSt: Mischsteuer-satz (Küting/Weber § 274 Rn. 30)	Keine konkreten Hinweise	Keine konkreten Hinweise
Abzinsung?	Nein (§ 253 Abs. 1 Nr. 4)	Nein (IAS 1.5)	Nein (E 49.54)
Verlust-rücktrag	Keine latenten Steuern (Küting/Weber § 274 Rn. 39)	Keine latenten Steuern (IAS 12.22)	Keine latenten Steuern (E 49.8)

	HGB	IAS 12	E 49
Aktive latente Steuern aus Bewertungsdifferenzen	Einzelabschluß: Aktivierungswahlrecht (§ 274) Konzernabschluß: Aktivierungspflicht bei Differenzen aus der Konsolidierung (§ 306); ansonsten Aktivierungswahlrecht (§ 298 iVm. 274)	Grundsätzlich Aktivierungspflicht; Voraussetzung: Nutzung in der Zukunft aller Voraussicht nach gesichert (IAS 12.19)	Grundsätzlich Aktivierungspflicht; Voraussetzung: Steuerliche Gewinne in der Zukunft wahrscheinlich (E 49.25)
Aktive latente Steuern aus steuerlichen Verlustvorträgen	keine aktiven latenten Steuern (umstritten) (§ 252 Abs. 1 Nr. 4)	Aktivierungspflicht, soweit Verrechnungsmöglichkeit mit passiven latenten Steuern möglich; ansonsten Aktivierungswahlrecht, soweit die Nutzung des Steuervorteils sicher ist (IAS 12.25, 26)	Grundsätzlich Aktivierungspflicht; Voraussetzung: Steuerliche Gewinne in der Zukunft wahrscheinlich oder passive latente Steuern gegenüber der gleichen Steuerbehörde (E 49.38)
Ausweis in der Bilanz	Nettoausweis (WP-HB M 627)	Nettoausweis (IAS 12.19) Aufgliederung in kurz- und langfristige Anteile (IAS 13.15 b)	Bruttoausweis (E 49.63, 65) Aufgliederung in kurz- und langfristige Anteile (E 49.62) Gesonderter Posten neben den laufenden Steuerverbindlichkeiten (E 49.61)

	HGB	IAS 12	E 49
Ausweis in der GuV	Keine besonderen Ausweisvorschriften	Keine besonderen Ausweisvorschriften	Gesonderte Angabe des Steueraufwands aus der gewöhnlichen Geschäftstätigkeit (E 49.66)
Angaben im Anhang	Angabe der Bilanzierungs- und Bewertungsmethoden (§ 284 Abs. 2 Nr. 1)	Verringerung des Steueraufwandes durch Ansatz aktiver latenter Steuern aus steuerlichen Verlusten des lfd. Jahres (IAS 12.48 a) Verringerung des Steueraufwandes durch Ansatz aktiver latenter Steuern aus steuerlichen Verlusten aus Vorjahren (IAS 12.48 b) Steuerliche Verlustvorträge, die noch nicht bei der Berechnung latenter Steuern berücksichtigt wurden (IAS 12.48 c) Steueraufwand aus der ordentlichen Geschäftstätigkeit (IAS 12.49 a) Steueraufwand aus der außerordentlichen Geschäftstätigkeit (IAS 12.49 b)	Aufgliederung des Steueraufwands (E 49.68) Höhe der unrealisierten aktiven latenten Steuern Steueraufwand aus der außerordentlichen Geschäftstätigkeit Latente Steuern auf Neubewertungsrücklagen Überleitungsrechnung vom handelsrechtlichen Ergebnis zum Steueraufwand U.a.m. (E 49.70 ff.)

	HGB	IAS 12	E 49
Angaben im Anhang		Latente Steuern auf Neubewertungs-rücklagen (IAS 12.49 c) Erläuterung des Zusammenhangs zwischen handels-rechtlichem Ergeb-nis und Steuer-aufwand (IAS 12.49 d)	

10. Bilanzierung der Verbindlichkeiten

10.1 Ansatz- und Bewertungsvorschriften

	HGB	IASC
Bilanzierung	Verpflichtungen, die dem Grunde und der Höhe nach feststehen (GoB)	Definition nur für den umfassenden Begriff der Schulden (vgl. IAS F.49)
Bewertung	Nominalwert	Nominalwert
Fremdwährungsverbindlichkeiten	Historischer Kurs oder höherer Kurs am Bilanzstichtag (§ 252 Abs. 1 Nr. 4) Bei kurzfristigen Verbindlichkeiten wird auch die Umrechnung zum Stichtagskurs grundsätzlich für zulässig gehalten (ADS § 253 Tz. 92)	Stichtagskurs (IAS 21.11 a)
Disagio	Abgrenzungswahlrecht; Methode der Auflösung nicht verbindlich vorgeschrieben (§ 250 Abs. 3) Bruttoausweis; Unterschiedsbetrag ist in den aktiven Rechnungsabgrenzungsposten aufzunehmen (§ 250 Abs. 3)	Abgrenzungspflicht; Auflösung nach der "effective interest method" (annuitätische Methode) (IAS 25.18) IdR. Nettoausweis (IAS 13.20)

10.2 Ausweis im Jahresabschluß

	HGB	IASC
Ausweis in der Bilanz	Aufgliederung in der Bilanz gemäß § 266 Abs. 3	Angaben gemäß IAS 5.14 ff., 13.15 (Angaben dürfen alternativ im Anhang gemacht werden)
		Aufgliederung in kurz- und langfristige Verbindlichkeiten, sofern die Bilanz nach kurz- und langfristigen Posten aufgegliedert ist (IAS 13.7, 13.15 b)
		Summe der kurzfristigen Verbindlichkeiten, sofern die Bilanz nach kurz- und langfristigen Posten aufgegliedert ist (IAS 13.7; 13.19)
	Verbindlichkeiten aus Anzahlungen bei langfristiger Fertigung dürfen von den Vorräten offen abgesetzt werden (§ 265 Abs. 5)	Verbindlichkeiten aus Anzahlungen bei langfristiger Fertigung dürfen von den Vorräten abgesetzt werden (IAS 13.21)
Angaben im Anhang	Angabe der Restlaufzeiten bis zu einem Jahr und über 5 Jahre (§§ 268 Abs. 5; 285 Nr. 1 a)	
	Angabe der Besicherung (§ 285 Nr. 1 b)	Angabe der Besicherung (IAS 5.14)
		Anleihenspiegel (IAS 5.14)
		RAP sind unter den Verbindlichkeiten auszuweisen (IAS 5.15)

11. Bilanzierung der passiven Rechnungsabgrenzungsposten

11.1 Ansatz- und Bewertungsvorschriften

	HGB	**IASC**
Passivierungs-pflichten	Einnahmen vor dem Bilanz-stichtag, die Erträge für eine bestimmte Zeit nach diesem Tag darstellen (§ 250 Abs. 2) Konkretisierung der "bestimm-ten Zeit" durch die Recht-sprechung und die Literatur (BFH U v. 24.3.1982, DB 1982, S. 2494; Herzig/ Söffing, BB 1993, S. 465)	Einnahmen vor dem Bilanz-stichtag, die Erträge für eine bestimmte Zeit nach diesem Tag darstellen (IAS 1.4) Keine Konkretisierung des Kriteriums der "bestimmten Zeit"

11.2 Ausweis im Jahresabschluß

	HGB	IASC
Ausweis in der Bilanz	Bilanzausweis in einem Posten (§ 266 Abs. 3)	Ausweis unter den Verbindlichkeiten; gesonderter Posten, soweit der Betrag des passiven Rechnungsabgrenzungsposten wesentlich ist (IAS 5.15 c; 5.16) Aufgliederung in kurz- und langfristige Bestandteile, sofern die Bilanz nach kurz- und langfristigen Posten gegliedert ist (IAS 13.7; 13.15) Gesonderter Ausweis der transitorischen passiven Rechnungsabgrenzungsposten nur bei Wesentlichkeit (IAS 5.16)
Angaben im Anhang	Angabe der Bilanzierungs- und Bewertungsmethoden (§ 284 Abs. 2)	Angabe der Bilanzierungs- und Bewertungsmethoden (IAS 1.8)

12. Rechnungslegung im Konzern

	HGB	IASC
Aufstellungs-pflichten	Konzept der einheitlichen Leitung und Control-Konzept (§ 290)	Nur Control-Konzept (IAS 27.12)
	Rechtsformabhängige Besonderheiten für Unternehmen, die dem Publizitätsgesetz unterliegen (§ 13 PublG)	Keine rechtsformspezifischen Besonderheiten
	Größenabhängige Befreiungen (§ 293)	Keine größenabhängigen Befreiungen
	Keine Aufstellungspflicht bei Aufstellung eines befreienden Konzernabschlusses durch ein Mutterunternehmen (§§ 291, 292)	Keine Aufstellungspflicht bei Aufstellung eines befreienden Konzernabschlusses durch ein Mutterunternehmen (IAS 27.8)
Konsolidie-rungskreis	Weltabschlußprinzip (§ 294)	Weltabschlußprinzip (IAS 27.11)
	Einbeziehungsverbot bei stark abweichenden Tätigkeiten (§ 295 Abs. 1)	Einbeziehungspflicht bei stark abweichenden Tätigkeiten (IAS 27.14)
	Einbeziehungswahlrecht bei dauernder Beschränkung der Rechte des Mutterunternehmens (§ 296 Abs. 1 Nr. 1)	Einbeziehungsverbot bei dauernder Beschränkung der Rechte des Mutterunternehmens (IAS 27.13)
	Einbeziehungswahlrecht bei unverhältnismäßig hoher Kosten- und Zeitintensität der Datenbeschaffung (§ 296 Abs. 1 Nr. 2)	Einbeziehungswahlrecht bei unverhältnismäßig hoher Kosten- und Zeitintensität der Datenbeschaffung (IAS F.44)
	Einbeziehungswahlrecht bei Weiterveräußerungsabsicht (§ 296 Abs. 1 Nr. 3)	Einbeziehungsverbot bei Weiterveräußerungsabsicht (IAS 27.13)

	HGB	IASC
Kapitalkonsolidierung	Purchase-Methode; unter den Voraussetzungen des § 302 Wahlrecht zur Anwendung der Pooling-of-Interests-Methode (§§ 301, 302)	Purchase-Methode oder Pooling-of-Interests-Methode; Pflicht zur Anwendung der Pooling-of-Interests-Methode bei Vorliegen der Voraussetzungen; Voraussetzungen zur Anwendung der Pooling-of-Interests-Methode enger als in § 302 HGB (IAS 22.18; 22.61)
	Bei Anwendung der Purchase-Methode ist die Buchwertmethode und die Neubewertungsmethode erlaubt (§ 301 Abs. 1)	Bei Anwendung der Purchase-Methode ist die Buchwertmethode (Benchmark Treatment) und die Neubewertungsmethode (Allowed Alternative Treatment) erlaubt (IAS 22.31; 22.33)
	Aktivierungspflicht eines positiven Goodwill aus der Konsolidierung; Abschreibung zu mindestens 1/4 oder planmäßig über die Nutzungsdauer; offene Verrechnung mit den Rücklagen zulässig (§§ 301 Abs. 3, 309 Abs. 1)	Aktivierungspflicht eines positiven Goodwill aus der Konsolidierung; idR. lineare Abschreibung über max. 5 Jahre; in begründeten Ausnahmefällen Abschreibung über max. 20 Jahre zulässig (IAS 22.42)
	Passivierungspflicht eines negativen Goodwill aus der Konsolidierung; Auflösung, soweit ungünstige Situation eingetreten ist oder soweit der Posten einem realisierten Gewinn entspricht; Verrechnung mit den Rücklagen nur in besonderen Fällen (§§ 301 Abs. 3, 309 Abs. 2; ADS § 309 Tz. 69)	Bei negativem Goodwill sind zwei Methoden zulässig: Benchmark Treatment: Abstockung der nichtmonetären Buchwerte; erfolgswirksame Verrechnung eines Restbetrages über max 5. Jahre, in begründeten Ausnahmefällen über max. 20 Jahre (IAS 22.49) Allowed Alternative Treatment: Erfolgswirksame Verteilung des Gesamtbetrages über max. 5 Jahre, in begründeten Ausnahmefällen über max. 20 Jahre (IAS 22.51)

	HGB	IASC
Kapitalkonsolidierung	Stichtag der Erstkonsolidierung: - Zeitpunkt des Erwerbs der Anteile - Zeitpunkt der erstmaligen Einbeziehung - Bei sukzessivem Erwerb Zeitpunkt, zu dem das Unternehmen Tochterunternehmen geworden ist (§ 301 Abs. 2)	Stichtag der Erstkonsolidierung: Zeitpunkt, zu dem das Unternehmen Tochterunternehmen geworden ist (Zeitpunkt der Begründung des Control-Verhältnisses) (IAS 22.21)
	Abweichende Stichtage in den Einzelabschlüssen: - Soweit die Abweichung über 3 Monaten liegt, ist Zwischenabschluß obligatorisch (§ 299 Abs. 2) - Liegt die Abweichung unter 3 Monaten, ist kein Zwischenabschluß vorgeschrieben; bedeutendeVorgänge nach dem Abschlußstichtag sind in der Bilanz/GuV oder im Anhang zu erfassen (§ 299 Abs. 3)	Abweichende Stichtage in den Einzelabschlüssen: - Soweit die Abweichung über 3 Monaten liegt, ist Zwischenabschluß obligatorisch (IAS 27.19) - Liegt die Abweichung unter 3 Monaten, ist kein Zwischenabschluß vorgeschrieben; bedeutendeVorgänge nach dem Abschlußstichtag sind in der Bilanz/GuV zu erfassen (IAS 27.19)
Zwischenergebniseliminierung	Grundsätzliche Eliminierungspflicht von Zwischengewinnen und Zwischenverlusten; Ausnahmen: - Keine Eliminierungspflicht bei Lieferung zu marktüblichen Bedingungen und gleichzeitig unverhältnismäßig hohem Aufwand der Durchführung der Zwischenergebniseliminierung (§ 304 Abs. 2 HGB) - Keine Eliminierungspflicht bei unwesentlichen Zwischenergebnissen (§ 304 Abs. 3)	Grundsätzliche Eliminierungspflicht von Zwischengewinnen und Zwischenverlusten (IAS 27.17); Ausnahme: Keine wesentlichen Zwischenergebnisse (IAS 1.7)

	HGB	IASC
Schulden-konsolidie-rung	Grundsätzliche Konsolidierungspflicht; Ausnahme: Unwesentlicher Bestand an konzerninternen Forderungen, Verbindlichkeiten, Rückstellungen und Rechnungsabgrenzungsposten (§ 303 Abs. 1 und 2)	Grundsätzliche Konsolidierungspflicht (IAS 27.17); Ausnahme: Unwesentlicher Bestand an konzerninternen Forderungen, Verbindlichkeiten, Rückstellungen und Rechnungsabgrenzungsposten (IAS 1.7)
Aufwands- und Ertrags-konsolidie-rung	Grundsätzliche Konsolidierungspflicht; Ausnahme: Konzerninterne Aufwendungen und Erträge sind unwesentlich (§ 305 Abs. 1 und 2)	Grundsätzliche Konsolidierungspflicht (IAS 27.17); Ausnahme: Konzerninterne Aufwendungen und Erträge sind unwesentlich (IAS 1.7)
Quoten-konsolidie-rung	Wahlrecht zur Quotenkonsolidierung bei gemeinschaftlich geführten Unternehmen (§ 310 Abs. 1) Alternative: Equity-Methode (§ 310 Abs. 1)	Wahlrecht zur Quotenkonsolidierung bei gemeinschaftlich geführten Unternehmen (Benchmark Treatment) (IAS 31.25) Alternative: Equity-Methode (Allowed Alternative Treatment) (IAS 31.32)
Equity-Methode	Grundsätzliche Anwendungspflicht der Equity-Methode bei assoziierten Unternehmen (Unternehmen, auf die ein maßgeblicher Einfluß ausgeübt wird); Ausnahme: Beteiligung ist unwesentlich (§ 311 Abs. 1 und 2)	Grundsätzliche Anwendungspflicht der Equity-Methode bei assoziierten Unternehmen (Unternehmen, auf die ein maßgeblicher Einfluß ausgeübt wird) Ausnahme: - Beteiligung ist unwesentlich (Wahlrecht zur Anwendung der Equity-Methode) (IAS 28.8; 1.7) - Das beteiligte Unternehmen ist in der Ausübung seiner Rechte beschränkt (Verbot zur Anwendung der Equity-Methode) (IAS 28.11)

	HGB	IASC
Equity-Methode	Der maßgebliche Einfluß muß bei Anwendung der Equity-Methode tatsächlich ausgeübt werden (§ 311 Abs. 1)	Die Möglichkeit eines maßgeblichen Einflusses genügt (IAS 28.3, 28.4)
	Wahlrecht zur Anwendung der Equity-Methode bei gemeinschaftlich geführten Unternehmen; Alternative: Quotenkonsolidierung (§ 310 Abs. 1)	Wahlrecht zur Anwendung der Equity-Methode bei gemeinschaftlich geführten Unternehmen; Alternative: Quotenkonsolidierung (IAS 31.32)
	Methoden der Equity-Bewertung: - Buchwertmethode oder - Kapitalanteilsmethode (§ 312 Abs. 1)	Methoden der Equity-Bewertung: Nur Buchwertmethode zulässig (IAS 28.6)
	Weitere Konsolidierungsprozesse: Zwischenergebniseliminierung, soweit die erforderlichen Informationen zur Verfügung stehen (§ 312 Abs. 4)	Weitere Konsolidierungsprozesse: Keine
Umrechnung ausländischer Jahresabschlüsse	Keine bestimmte Umrechnungsmethode vorgeschrieben	Funktionale Währungsumrechnung (IAS 21.27; 21.30)
Latente Steuern aus der Konsolidierung	Abgrenzungspflicht aktiver und passiver latenter Steuern aus der Konsolidierung	Abgrenzungspflicht aktiver und passiver latenter Steuern aus der Konsolidierung
	Abgrenzungsbereich: Zeitliche Differenzen (nach h.M. keine Abgrenzung der Unterschiedsbeträge aus der Kapitalkonsolidierung) (§ 306)	Abgrenzungsbereich: Zeitliche Differenzen (derzeit noch keine Abgenzung der Unterschiedsbeträge aus der Kapitalkonsolidierung zwingend; vgl. Background Paper zu E 49)

	HGB	IASC
Latente Steuern aus der Konsolidierung	Abgrenzungsmethoden: Elemente der Deferred und der Liability Methode (Hille, S. 197)	Abgrenzungsmethoden: - Deferred Methode - (GuV-orientierte) Liability-Methode (IAS 12.10)

13. Segmentberichterstattung

	HGB	IAS 14	DSOP
Publizitäts-pflichtige Unternehmen	Kapitalgesellschaften (§ 264 Abs. 1)	Unternehmen, deren Anteile öffentlich gehandelt werden; volkswirtschaftlich bedeutende Unternehmen (keine Definition) (IAS 14.2)	Unternehmen, deren Anteile öffentlich gehandelt werden; volkswirtschaftlich bedeutende Unternehmen (DSOP, Tz. 16)
Ort des Ausweises	Anhang (§ 285 Nr. 4)	Keine Angabe	Keine Angabe
Segmente und deren Abgrenzung	Tätigkeitsbereiche und Regionen (§ 285 Nr. 4) Keine klaren Abgrenzungskriterien	Tätigkeitsbereiche und Regionen (IAS 14.9) Die Tätigkeitsbereiche können entweder nach Produktgruppen oder Absatzmärkten (z.B. Einzel-/Großhandel) gegliedert werden (IAS 14.10) Die regionale Gliederung kann sich entweder auf den Sitz der Unternehmen und Betriebsstätten beziehen oder sich an den Absatzmärkten orientieren; gesonderte Informationen über das lokale Geschäft der Gesellschaft (IAS 14.10)	Geschäftsbereiche und Regionen (DSOP, Tz. 32, 61) Die Geschäftsbereiche sind nach Risiko- und Chancengesichtspunkten zu untergliedern; es wird nicht dem "Management Approach", der sich an der Spartengliederung des jeweiligen Unternehmens orientiert, gefolgt (DSOP, Tz. 37); Berichterstattung nur über größere Segmente ($\geq$ 10 % des Gesamtumsatzes, DSOP, Tz. 52) Abgrenzung der Regionen nach Risiko- und Chancengesichtspunkten (DSOP, Tz. 63); zu den Größenkriterien s.o. (DSOP, Tz. 70)

	HGB	IAS 14	DSOP
Angabepflichten zu den einzelnen Segmenten	Umsatzerlöse (§ 285 Nr. 4)	Umsatzerlöse, wobei der Anteil der Umsatzerlöse mit anderen Segmenten gesondert zu zeigen ist (IAS 14.16 a) Segmentergebnisse (IAS 14.16 b) Vermögensbestand (IAS 14.16 c) Informationen über die Transferpreisfestlegung zwischen den einzelnen Segmenten (IAS 14.16 d)	Umsatzerlöse, wobei der Anteil der Umsatzerlöse mit anderen Segmenten gesondert zu zeigen ist (DSOP, Tz. 133) Segmentergebnisse (DSOP, Tz. 139) Vermögensbestand (DSOP, Tz. 144) Schuldenbestand (DSOP, Tz. 147) Investitionen (DSOP, Tz. 142) Abschreibungen (DSOP, Tz. 154) Gesonderte Berichterstattung über wesentliche Einzeltatbestände (DSOP, Tz. 157) Außerordentliche Tatbestände, die unmittelbar einem Segment zugeordnet werden können (DSOP, Tz. 160)

	HGB	IAS 14	DSOP
Angabe-pflichten zu den einzelnen Segmenten			Netto-Cash Flow (DSOP, Tz. 162) Zusatzinformationen für Unternehmen, die nach der Equity-Methode bilanziert werden (DSOP, Tz. 168, 170) Beschreibung der geschäftlichen Aktivitäten der Segmente (DSOP, Tz. 183) Bilanzierungs- und Bewertungsmethoden (DSOP, Tz. 175) Banken und ähnliche Institute: Ergänzend Haftungsverhältnisse und sonstige finanzielle Verpflichtungen (DSOP, Tz. 140)
Ergänzende Angaben	Keine	Informationen über Änderungen bei der Abgrenzung der Segmente und deren Auswirkungen (IAS 14.24) Überleitung zwischen den Segmentinformationen und den aggregierten Informationen im Jahresabschluß (IAS 14.21)	Informationen über Änderungen bei der Abgrenzung der Segmente und deren Auswirkungen (DSOP, Tz. 179) Überleitung zwischen den Segmentinformationen und den aggregierten Informationen im Jahresabschluß (DSOP, Tz. 172)

	HGB	IAS 14	DSOP
Ergänzende Angaben			Zusatzangaben bei hohen Innen-umsätzen (DSOP, Tz. 187)
Schutzklausel	Ja (§ 286 Abs. 4)	Nein	Nein

14. Bilanzänderung

	HGB	IASC
Ursachen	Gewichtige rechtliche, steuerrechtliche oder wirtschaftliche Gründen bei gleichzeitiger Fehlerfreiheit des Abschlusses (vgl. ADS § 252 Tz. 19) Eine Änderung eines nichtigen Abschlusses gilt nicht als Bilanzänderung, da ein nichtiger Abschluß keine Rechtskraft entfaltet	Änderung fehlerfreier Abschlüsse ist nicht geregelt Schwerwiegende Fehler (IAS 8.31) Nicht schwerwiegende Fehler (IAS 8.31)
Bilanzielle Behandlung	Erfolgswirksame Behandlung unter Beachtung des Bilanzzusammenhangs (ADS § 252 Tz. 19)	Nicht schwerwiegende Fehler: Erfolgswirksame Behandlung unter Beachtung des Bilanzzusammenhangs (IAS 8.31) Schwerwiegende Fehler: - Benchmark Treatment: Korrektur der Eröffnungsbilanz unter Durchbrechung des Bilanzzusammenhangs (IAS 8.34) - Allowed Alternative Treatment: Erfolgswirksame Berücksichtigung im lfd. Geschäftsjahr; Angabe von Vergleichsdaten für das Vorjahr (IAS 8.38)

Teil III: Checkliste für publizitätspflichtige Angaben im IASC-Abschluß[1]

IAS[2]		Ja	n/a	nein
	I. Unternehmensdaten			
5.7	Name	o	o	o
5.7	Sitzland	o	o	o
5.7	Bilanzstichtag	o	o	o
5.7	Rechnungslegungsperiode	o	o	o
5.7	Geschäftsaktivitäten	o	o	o
5.7	Rechtsform	o	o	o
5.7	Berichtswährung	o	o	o
	II. Allgemeine Angaben zur Bilanz und zur Gewinn- und Verlustrechnung			
	A. Gliederung			
5.8	Gesonderter Ausweis aller wesentlichen Positionen	o	o	o
5.8	Grundsätzliches Saldierungsverbot; Verbot der Zusammenfassung wesentlicher Posten	o	o	o
13.20	Durchbrechung des Verrechnungsverbots nur, soweit die zivilrechtlichen Voraussetzungen einer Aufrechnung erfüllt sind	o	o	o
5.9	Angabe der Vorjahreszahlen	o	o	o
	Ein festes Gliederungsschema ist bisher nicht vorgesehen; die bei den einzelnen Posten aufgeführten Angaben können daher an beliebiger Stelle des Jahresabschlusses gemacht werden			

1) Vgl. auch ERNST & YOUNG: International Accounting Standards (Mandantenbroschüre); ATAG ERNST & YOUNG: Checkliste für den Ausweis und die Offenlegung nach IAS (Mandantenbroschüre).

2) Die nachfolgenden Angaben zu den IAS-Standards beziehen sich auf den Stand von 1995; die in 1995 vorgenommenen Umgliederungen ("Reformatting") bei den noch nicht revidierten Standards sind berücksichtigt.

IAS		Ja	n/a	nein
	B. Bilanzierungs- und Bewertungsmethoden			
1.8, 9	Bilanzierungs- und Bewertungsmethoden	o	o	o
5.6, 8	Alle wesentlichen Informationen, die für einen möglichst klaren und verständlichen Jahresabschluß erforderlich sind	o	o	o
8.48	Freiwillige Angaben bei Nichtanwendung neuer, bereits veröffentlichter, aber noch nicht geltender Bestimmungen:			
	- Art der zukünftigen Rechnungslegungsgrundsätze	o	o	o
	- Schätzung des betragsmäßigen Einflusses auf das Ergebnis sowie die Vermögens- und Finanzlage	o	o	o
	C. Änderung der Bilanzierungs- und Bewertungsmethoden			
1.3	Abweichungen von den allgemeinen Grundsätzen der Rechnungslegung (Unternehmensfortführung, Stetigkeit und Periodisierung), einschließlich Begründung	o	o	o
8.53	Bei Verrechnung von Umbewertungen nach der bevorzugten Methode iSv. IAS 8.49:			
	- Begründung der Änderung	o	o	o
	- Betragsmäßige Auswirkung auf alle im Jahresabschluß ausgewiesenen Rechnungsperioden	o	o	o
	- Betragsmäßige Auswirkung auf im Jahresabschluß dargestellten Vorjahresperioden	o	o	o
	- Hinweis, daß die ausgewiesenen Vergleichszahlen angepaßt wurden (Restatement) bzw. Hinweis, daß dies nicht praktikabel ist	o	o	o
8.57	Bei Verrechnung von Umbewertungen nach der alternativen Methode iSv. IAS 8.54:			
	- Begründung der Änderung	o	o	o
	- Betragsmäßige Auswirkung auf die Erfolgsrechnung des Geschäftsjahres	o	o	o

IAS		Ja	n/a	nein
8.57	- Betragsmäßige Auswirkung auf die im Jahresabschluß angegebenen Vorjahresperioden bzw. Angabe, daß dies nicht praktikabel ist	o	o	o
	D. Grundsätze der Gewinnrealisierung			
18.35	Grundsätze der Gewinnrealisierung (einschließlich der Methoden zur Ermittlung des Arbeitsfortschritts bei Dienstleistungen)	o	o	o
17.61	Beim Leasinggeber ("finance leases"): Methoden der Verteilung des Ertrages auf die Vertragsdauer mit Angabe, ob sich der Ertrag auf die Nettoinvestition ("net investment") oder die Geldinvestition ("net cash investment") bezieht	o	o	o
11.39	Methoden der Gewinnrealisierung bei langfristiger Fertigung sowie der Methoden der Bestimmung des Fertigungsgrades	o	o	o
	E. Fremdwährungsumrechnung			
21.42	Erfolgswirksam verrechnete Umrechnungsdifferenzen	o	o	o
21.42	Umrechnungsdifferenzen, die erfolgsneutral mit dem Eigenkapital verrechnet wurden	o	o	o
21.42	Kursdifferenzen des Geschäftsjahres, die bei der Ermittlung der Anschaffungskosten von Vermögensgegenständen berücksichtigt wurden und aus der alternativen Methode des IAS 21.21 resultieren	o	o	o
21.43	Wenn die Berichtswährung nicht der Währung des Sitzlandes entspricht, ist dies zu begründen. Eine Änderung der Berichtswährung ist zu begründen	o	o	o
21.44	Angaben bei Umklassifizierung einer Beteiligung			
	- Ursache der Umklassifizierung	o	o	o
	- Begründung der Umklassifizierung	o	o	o
	- Einfluß auf das Eigenkapital	o	o	o
	- Einfluß auf das Nettoergebnis aller ausgewiesenen Vorjahre (als ob die Umklassifizierung in der ältesten ausgewiesenen Vorjahresperiode vorgenommen worden wäre)	o	o	o

IAS		Ja	n/a	nein
21.45	Methode der Umrechnung des Goodwill und Umbewertungen bei Übernahme ausländischer Unternehmen (sofern sie als Fremdwährungsposition angesehen werden) (vgl. 21.33)	o	o	o
21.47	Freiwillige Angaben: Offenlegung der Richtlinien zum Risikomanagement hinsichtlich Fremdwährungen	o	o	o
21.48	Bei erstmaliger Anwendung von IAS 21: Reserve aus Umrechnungsdifferenzen zu Beginn der Berichtsperiode; Ausnahme: Dieser Betrag ist nicht genau bestimmbar	o	o	o
	F. Fehler in Vorjahren (fundamentale Fehler)			
8.37	Bei Verrechnung der fundamentalen Fehler nach der bevorzugten Methode iSv. 8.34:			
	- Art des Fehlers	o	o	o
	- Betragsmäßige Auswirkung der Korrektur auf alle im Jahresabschluß ausgewiesenen Rechnungsperioden	o	o	o
	- Betragsmäßige Auswirkung der Korrektur auf alle nicht im Jahresabschluß ausgewiesenen Vorjahresperioden	o	o	o
	- Hinweis, daß die Vergleichszahlen angepaßt wurden bzw. Angabe, daß dies nicht praktikabel ist	o	o	o
8.38	Bei Verrechnung der fundamentalen Fehler nach der alternativen Methode iSv. 8.38			
	- Art des Fehlers	o	o	o
	- Betragsmäßige Auswirkung der Korrektur auf das Nettoergebnis des Geschäftsjahres	o	o	o
	- Betragsmäßige Auswirkung der Korrektur für alle im Jahresabschluß ausgewiesenen Vorjahre und alle nicht im Jahresabschuß ausgewiesenen Vorjahresperioden	o	o	o

IAS		Ja	n/a	nein
	III. Angaben zur Bilanz			
	A. Anlagevermögen			
	1. Allgemeine Angaben			
5.12	Gesonderter Ausweis folgender Posten (Reihenfolge nicht vorgeschrieben):			
	- Sachanlagen:			
	- Grundstücke und Gebäude	o	o	o
	- Maschinen und Einrichtungen	o	o	o
	- Sonstiges Sachanlagevermögen	o	o	o
	- Kumulierte Abschreibungen	o	o	o
	- Langfristige Finanzinvestitionen			
	- Anteile an verbundenen Unternehmen	o	o	o
	- Anteile an assoziierten Unternehmen	o	o	o
	- Andere Beteiligungen mit Angabe des Marktwertes von börsennotierten Beteiligungen, sofern dieser vom Bilanzwert abweicht	o	o	o
	- Langfristige Forderungen			
	- Forderungen und Wechsel aus Lieferungen und Leistungen	o	o	o
	- Forderungen gegenüber Unternehmensorganen	o	o	o
	- Forderungen gegenüber verbundenen Unternehmen	o	o	o
	- Forderungen gegenüber assoziierten Unternehmen	o	o	o
	- Sonstige Forderungen	o	o	o
	- Geschäfts- oder Firmenwert	o	o	o
	- Patente, Markenrechte und ähnliche Aktiva	o	o	o
	- Abgrenzungsposten, z.B. Rechnungsabgrenzungsposten, Vorauszahlungen oder latente Steuern	o	o	o
5.10	Sonstige allgemeine Angaben:			
	- Verfügungsbeschränkungen	o	o	o
	- Als Sicherheiten gewährte Vermögensgegenstände	o	o	o
	- Für künftige Investitionen gebundenes Vermögen	o	o	o

IAS		Ja	n/a	nein
	2. Immaterielle Vermögensgegenstände			
	a) Allgemeine Angaben			
4.14	Bemessungsgrundlagen der abzuschreibenden immateriellen Vermögensgegenstände	o	o	o
4.15	Abschreibungsmethoden	o	o	o
4.15	Nutzungsdauern bzw. Abschreibungssätze	o	o	o
4.15	Abschreibungen des Geschäftsjahres	o	o	o
4.15	Bruttobilanzwerte (z.B. historische Anschaffungskosten)	o	o	o
4.15	Kumulierte Abschreibungen	o	o	o
4.12	Begründung und Darstellung der Auswirkungen von Änderungen bei den Bilanzierungs- und Bewertungsmethoden (vgl. auch Punkt II. C.)	o	o	o
	b) Entwicklungskosten			
9.30	Abschreibungsmethoden für aktivierte Entwicklungskosten	o	o	o
9.30	Nutzungsdauer bzw. Abschreibungssätze der aktivierten Entwicklungskosten	o	o	o
9.30	Entwicklung der aktivierten Entwicklungskosten vom Bestand am Anfang zum Bestand am Ende des Geschäftsjahres unter Angabe folgender Sachverhalte:			
	- Aktivierte Entwicklungskosten (vgl. 9.17)	o	o	o
	- Abschreibungen (vgl. 9.21 oder 9.25)	o	o	o
	- Bei anderen Vermögensgegenständen aktivierte Entwicklungskosten	o	o	o
	- Zuschreibungen (vgl. 9.27)	o	o	o
9.31	Freiwillige Angaben:			
	- Beschreibung der Forschungs- und Entwicklungsaktivitäten	o	o	o
	- Umstände oder Ereignisse, welche die Aktivierungsfähigkeit von Entwicklungskosten beeinträchtigt und daher zu einer Aufwandsverrechnung geführt haben (vgl. 9.25)	o	o	o
	- Umstände oder Ereignisse, die zu einer Rückgängigmachung von früheren Abschreibungen auf Entwicklungskosten geführt haben (Zuschreibungen)	o	o	o

IAS		Ja	n/a	nein
	c) Geschäfts- oder Firmenwert			
	(Vgl. Punkt VII. Angaben zum Konzernabschluß)			
	3. Sachanlagen			
	a) Allgemeine Angaben			
16.66	Bemessungsgrundlagen der abzuschreibenden Sachanlagen (z.B. Historische Anschaffungskosten, Verkehrswert, Wiederbeschaffungskosten); bei Anwendung unterschiedlicher Methoden, Angabe der entsprechenden Bruttobilanzwerte für jede Kategorie	o	o	o
16.66	Abschreibungsmethoden	o	o	o
16.66	Nutzungsdauern bzw. Abschreibungssätze	o	o	o
16.66	Abschreibungen des Geschäftsjahres	o	o	o
16.66	Bruttobilanzwerte	o	o	o
16.66	Kumulierte Abschreibungen	o	o	o
16.66	Entwicklung der Bilanzposten vom Bestand am Anfang zum Bestand am Ende des Geschäftsjahres unter Angabe folgender Sachverhalte (Anlagespiegel):			
	- Zugänge	o	o	o
	- Abgänge	o	o	o
	- Zugänge infolge von Unternehmenszusammenschlüssen	o	o	o
	- Veränderungen infolge Neubewertungen (vgl. 16.30, 39, 40 und 60)	o	o	o
	- Wertminderungen (vgl. 16.56)	o	o	o
	- Zuschreibungen (vgl. 16.59)	o	o	o
	- Abschreibungen	o	o	o
	- Nettobetrag der Kursdifferenzen aus der Umrechnung von Jahresabschlüssen ausländischer Tochtergesellschaften	o	o	o
	- Sonstige Veränderungen	o	o	o

IAS		Ja	n/a	nein
16.67	Weitere Angaben zu Sachanlagen:			
	- Hinweis auf die Abzinsung künftiger Zahlungsströme, soweit der niedrigere beizulegende Wert auf der Grundlage einer Bewertung nach dem Ertagswert erfolgt	o	o	o
	- Verfügungsbeschränkungen und Verpfändungen (mit Angabe des Betrages)	o	o	o
	- Art der Verrechnung von Instandhaltungsaufwendungen	o	o	o
	- Geleistete Zahlungen für im Bau befindliche Anlagen	o	o	o
	- Verpflichtungen zum Erwerb von Sachanlagen	o	o	o
16.70	Bei Bewertung des Sachanlagevermögens zu Tageswerten (Neubewertung):			
	- Methodische Grundlagen zur Ermittlung der Tageswerte (Neubewertung)	o	o	o
	- Datum der letzten Neubewertung	o	o	o
	- Angabe, ob bei der Neubewertung ein unabhängiger Sachverständiger hinzugezogen wurde	o	o	o
	- Verwendete Indizes bei der Ermittlung von Wiederbeschaffungskosten	o	o	o
	- Vergleichswerte zu einer Bewertung zu (fortgeschriebenen) historischen Anschaffungkosten	o	o	o
	- Neubewertungsrücklage, einschließlich der Veränderungen im Geschäftsjahr sowie Ausschüttungsbeschränkungen	o	o	o
16.71	Freiwillige Angaben:			
	- Nettobilanzwert der vorübergehend nicht genutzten Sachanlagen	o	o	o
	- Bruttobilanzwert der bereits vollständig abgeschriebenen, aber noch betrieblich genutzten Sachanlagen	o	o	o
	- Nettobilanzwert der nicht mehr genutzten und zur Veräußerung vorgesehenen Sachanlagen	o	o	o
	- Bei der bevorzugten Bilanzierungsmethode (= historische Anschaffungskosten), Verkehrswert, sofern dieser wesentlich vom Bilanzwert abweicht	o	o	o
17.21	Leasingnehmer: Bilanzwert der geleasten Sachanlagen	o	o	o

IAS		Ja	n/a	nein
	b) Fremdkapitalzinsen			
23.9 23.29	Grundsätze der Behandlung (Aufwandserfassung bzw. Aktivierung) von Fremdkapitalzinsen	o	o	o
23.29	Gesamtbetrag der aktivierten Fremdkapitalzinsen im Berichtszeitraum	o	o	o
23.29	Zinssatz für die Berechnung aktivierungsfähiger Zinsen	o	o	o
	c) Staatliche Subventionen			
20.39	Grundsätze der Behandlung von staatlichen Subventionen einschließlich deren Ausweis im Jahresabschluß	o	o	o
	Zu weiteren Angaben siehe Punkt III. G. b) Eventualverbindlichkeiten und Guthaben und Punkt IV. D. Sonstige betriebliche Erträge			
	d) Leasing			
17.51	Leasinggeber:			
	- Bruttoinvestitionsbetrag in Objekte, die im Jahresabschluß als Finanzierungsleasing dargestellt werden damit in Verbindung stehende noch nicht erwirtschaftete Erträge sowie ungesicherte Restwerte der verleasten Vermögensgegenstände	o	o	o
17.54	- Bruttobilanzwerte der Leasingobjekte nach Kategorie und kumulierte Abschreibungen, soweit wesentliche Teile des Geschäftes aus Objekten besteht, die als "Operating Leases" zu qualifizieren sind	o	o	o
	4. Finanzanlagen			
	a) Allgemeine Angaben			
25.8	Aufteilung in kurz- und langfristige Wertpapiere, außer das Unternehmen macht eine solche Unterteilung nicht			
25.49	Methoden der Ermittlung der Bilanzwerte	o	o	o
25.49	Behandlung von Marktwertveränderungen von kurzfristigen Finanzanlagen, die zum Marktwert bilanziert werden	o	o	o

IAS		Ja	n/a	nein
25.49	Behandlung der Neubewertungsrücklagen bei Veräußerung neubewerteter Finanzanlagen	o	o	o
25.49	Marktwert handelbarer Wertpapiere, soweit in der Bilanz kein Ansatz zu Marktwerten erfolgt	o	o	o
25.49	Marktwert von Finanzanlagen, die zu spekulativen Zwecken gehalten werden (investment properties) und die in der Bilanz nicht mit Marktwerten angesetzt werden	o	o	o
25.49	Veräußerungsbeschränkungen bei Finanzanlagen oder Verfügungsbeschränkungen über Erträge aus der Veräußerung von Finanzanlagen	o	o	o
25.49	Zusatzangaben für neu bewertete Finanzanlagen:			
	- Häufigkeit der Neubewertung	o	o	o
	- Datum der letzten Neubewertung	o	o	o
	- Bewertungsmethoden	o	o	o
	- Angabe, ob bei der Neubewertung ein unabhängiger Gutachter hinzugezogen wurde	o	o	o
	- Entwicklung der Neubewertungsreserve in der Geschäftsjahr sowie deren Hintergründe	o	o	o
25.49	Zusatzangabe für Finanzholdings: Offenlegung des Wertpapierportfolios (Beteiligungsverzeichnis)	o	o	o
25.50	Freiwillige Angaben:			
	- Weitergehende Aufgliederung der Posten des Finanzanlagevermögens	o	o	o
	- Marktwert nichthandelbarer Wertpapiere	o	o	o
	- Ermittlung des beizulegenden Werts bei nicht handelbaren Wertpapieren	o	o	o
	- Neubewertungsrücklagen von im Geschäftsjahr veräußerten Finanzanlagen	o	o	o
	- Angaben zu wesentlichen Einzelanlagen	o	o	o
	b) Anteile an assoziierten Unternehmen			
28.28	Separater Ausweis von Beteiligungen, die nach der Equity-Methode bilanziert werden	o	o	o

IAS		Ja	n/a	nein
28.27	Verzeichnis der wesentlichen assoziierten Unternehmen unter Angabe des Beteiligungsanteils und - sofern abweichend - des Anteils an den Stimmrechten	o	o	o
28.27	Bilanzierungs- und Bewertungsmethoden für Anteile an assoziierten Unternehmen	o	o	o
28.14	Falls Anteile an assoziierten Unternehmen nicht nach der Equity-Methode erfaßt werden, da keine Konzernrechnung erstellt wird: Angewandte Bilanzierungsmethode und Darstellung der Auswirkungen, die sich bei Anwendung der Equity-Methode ergeben hätten	o	o	o
	c) Anteile an Gemeinschaftsunternehmen (Joint Ventures)			
31.47	Auflistung und Beschreibung der wesentlichen Gemeinschaftsunternehmen, einschließlich Angabe der Beteiligungsquote	o	o	o
31.47 31.48	Werden die Anteile an Joint Ventures auf der Basis der Quotenkonsolidierung oder der Equity-Methode bewertet, so sind die anteiligen Gesamtbeträge des Anlage- und Umlaufvermögens, der kurz- und langfristigen Verbindlichkeiten sowie der Erträge und Aufwendungen auszuweisen (auch Unternehmen, die keinen Konzernabschluß erstellen)	o	o	o
	B. Umlaufvermögen			
	1. Allgemeine Angaben			
5.13	Separater Ausweis (Reihenfolge nicht vorgeschrieben):			
	- Flüssige Mittel, einschließlich Bargeld und Sichtguthaben sowie kurzfristige oder andere Bankguthaben. Nicht sofort verfügbare flüssige Mittel, z.B. wegen Devisenrestriktionen blockierte Gelder bei Auslandsbanken, sind gesondert auszuweisen	o	o	o
	- Handelbare Wertpapiere, die nicht den Finanzanlagen zuzuordnen sind. Soweit der Buchwert nicht dem Marktwert entspricht, ist der Marktwert gesondert anzugeben	o	o	o

IAS		Ja	n/a	nein
5.13	- Forderungen			
	- Forderungen aus Lieferungen und Leistungen und aus Handelswechseln	o	o	o
	- Forderungen gegenüber Unternehmensorganen	o	o	o
	- Forderungen gegenüber verbundenen Unternehmen	o	o	o
	- Forderungen gegenüber assoziierten Unternehmen	o	o	o
	- Sonstige Forderungen und aktive Rechnungsabgrenzungsposten	o	o	o
	- Vorräte	o	o	o
13.19	- Summe des Umlaufvermögens	o	o	o
	2. Vorräte			
	a) Allgemeine Angaben			
2.34	Angabe der Bilanzierungs- und Bewertungsmethoden einschließlich Angaben zur Anwendung von Verbrauchsfolgefiktionen (z.B. FIFO)	o	o	o
2.34	Bilanzwert der Vorräte sowie eine der Geschäftstätigkeit des Unternehmens angemessene Aufgliederung	o	o	o
2.34	Bilanzwert der Vorräte, die zum niedrigeren beizulegenden Wert bewertet wurden	o	o	o
2.34	Gesamtbetrag der gem. IAS 2.31 erfolgswirksam verrechneten Zuschreibungen	o	o	o
2.34	Ursachen für die Vornahme der Zuschreibungen	o	o	o
2.34	Buchwert der als Sicherheit bestellen Vorräte	o	o	o
1.36	Bei Bilanzierung nach der LIFO-Methode: Differenz zwischen dem Buchwert und			
	- dem niedrigeren Wert zwischen FIFO-Wertansatz bzw. gewichteten Durchschnittswert und dem niedrigeren beizulegenden Wert	o	o	o
	oder			
	- dem niedrigeren Wert zwischen Wiederbeschaffungskosten und dem niedrigeren beizulegenden Wert	o	o	o

IAS		Ja	n/a	nein
	b) Langfristige Fertigungsaufträge			
11.40	Angaben für am Bilanzstichtag noch nicht abgewickelte langfristige Fertigungsaufträge (kumuliert):			
	- Gesamtbetrag der bis zum Bilanzstichtag aufgelaufenen Aufwendungen und der bis dahin verrechneten Erträge (abzüglich Verluste)	o	o	o
	- Erhaltene Anzahlungen	o	o	o
	- Betrag der Rückbehalte	o	o	o
11.42 11.43	Bruttobetrag der Kundenforderungen (aufgelaufene Aufwendungen einschließlich Gewinn- oder Verlustanteil abzüglich erhaltener Anzahlungen)	o	o	o
	Bruttobetrag der Verpflichtungen gegenüber Kunden (aufgelaufene Aufwendungen einschließlich Gewinn- oder Verlustanteil abzüglich erhaltene Anzahlungen)	o	o	o
11.39	Methoden zur Ermittlung des Fertigungsgrades/Arbeitsfortschritts; Methoden der Gewinnrealisierung (vgl. auch Punkt II. D. Methoden der Gewinnrealisierung)	o	o	o
	C. Eigenkapital			
	1. Gezeichnetes Kapital			
5.17	Anzahl oder Betrag der genehmigten und der ausgegebenen Aktien/Anteile	o	o	o
5.17	Ausstehende Einlagen	o	o	o
5.17	Nominalwert pro Aktie/Anteil	o	o	o
5.17	Bewegungen des Kapitals während des Geschäftsjahres	o	o	o
5.17	Rechte, Vorrechte und Einschränkungen hinsichtlich der Dividendenausschüttung oder Rückzahlung von Kapital	o	o	o
5.17	Gesamtbetrag der aufgelaufenen, noch nicht ausgezahlten Vorzugsdividenden	o	o	o
5.17	Eigene Anteile	o	o	o
5.17	Bedingtes Kapital zur Deckung von Options- oder anderen vertraglichen Rechten einschließlich der Bedingungen und Beträge	o	o	o

IAS		Ja	n/a	nein
	2. Sonstiges Eigenkapital			
5.17	Gesonderter Ausweis folgender Posten, einschließlich der Bewegungen im Geschäftsjahr und der Ausschüttungsbeschränkungen			
	- Agio	o	o	o
	- Neubewertungsrücklage	o	o	o
	- Gewinnrücklagen	o	o	o
	- Sonstige Rücklagen	o	o	o
12.41	Angabe latenter Steuern, die direkt mit dem Eigenkapital verrechnet wurden	o	o	o
21.42	Erfolgsneutral mit dem Eigenkapital verrechnete Umrechnungsdifferenzen (gesonderter Posten) einschließlich der Entwicklung des Postens	o	o	o
	D. Rückstellungen			
	1. Pensionsrückstellungen			
19.22	Altersvorsorgepläne mit Beitragsprimat:			
	- Allgemeine Beschreibung der Pläne und Angabe der bezugsberechtigten Personengruppen	o	o	o
	- Pensionsaufwand in der Berichtsperiode (vgl. auch Punkt IV. C. Personalaufwand)	o	o	o
	- Sonstige Sachverhalte, welche für den Vorjahresvergleich von Bedeutung sind	o	o	o
19.51	Altersvorsorgepläne mit Leistungsprimat:			
	- Allgemeine Beschreibung der Pläne und Angabe der bezugsberechtigten Personengruppen	o	o	o
	- Beschreibung der Methoden der Rückstellungsberechnung			
	- Angabe, ob die Pensionsverpflichtungen durch externe Fonds abgedeckt sind ("funding")	o	o	o
	- Pensionsaufwand in der Berichtsperiode (vgl. auch Punkt IV. C. Personalaufwand)	o	o	o

IAS		Ja	n/a	nein
19.51	- Barwert der Pensionsverpflichtungen im Zeitpunkt des letzten versicherungsmathematischen Gutachtens	o	o	o
	- Bei Abdeckung der Pensionsverpflichtungen durch externe Pensionsfonds, Verkehrswert des Nettovermögens des Pensionsfonds im Zeitpunkt des letzten versicherungsmathematischen Gutachtens	o	o	o
	- Bei Abdeckung der Pensionsverpflichtungen durch externe Pensionsfonds, Betrag einer Über- oder Unterdeckung. Hat ein Arbeitgeber mehrere Vorsorgepläne, dürfen Über- und Unterdeckungen einzelner Pläne nicht miteinander verrechnet werden	o	o	o
	- Angabe der versicherungsmathematischen Annahmen und deren Veränderung	o	o	o
	- Datum des letzten versicherungsmathematischen Gutachtens sowie Turnus der Einholung von Gutachten	o	o	o
19.51	- Sonstige Sachverhalte einschließlich der Auswirkung von Planänderungen, die den Vorjahresvergleich beeinflussen	o	o	o
19.53	Bei Änderung der Rechnungslegungsgrundsätze für Pensionsverpflichtungen (erstmalige Anwendung von IAS 19):			
	- Bilanzierung in Übereinstimmung mit IAS 8, oder	o	o	o
	- Offenlegung der kumulierten Auswirkung der Bewertungsänderung im Berichtsjahr (Jahr der Umstellung); in Folgejahren Angabe der noch nicht amortisierten Beträge	o	o	o
	2. Steuerrückstellungen (einschließlich Rückstellungen für latente Steuern)			
12.42	Gesonderter Ausweis von latenten Steuern in der Bilanz	o	o	o
12.10	Methode zur Berechnung der latenten Steuern	o	o	o
12.18	Betrag der zeitlichen Differenzen, der nicht in die Steuerabgrenzung einbezogen worden ist, und zwar der auf das Geschäftsjahr entfallende Teil sowie die kumulierten zeitlichen Differenzen	o	o	o

IAS		Ja	n/a	nein
12.49	Latente Steuern auf Neubewertungsrücklagen	o	o	o
12.49	Darstellung des Zusammenhangs zwischen dem handelsrechtlichen Ergebnis und dem tatsächlichen Steueraufwand (Überleitungsrechnung)	o	o	o
	(Vgl. auch Punkt IV. I. Steueraufwand)			
	F. Verbindlichkeiten			
	a) Langfristige Verbindlichkeiten			
5.14 13.7	Wenn das Unternehmen zwischen kurz- und langfristigen Jahresabschlußposten unterscheidet, sind folgende langfristigen Verbindlichkeiten unter Abzug des kurzfristigen Teils gesondert auszuweisen (Reihenfolge nicht zwingend):			
	- Besicherte Darlehen	o	o	o
	- Nicht besicherte Darlehen	o	o	o
	- Darlehensverbindlichkeiten gegenüber verbundenen Unternehmen	o	o	o
	- Darlehensverbindlichkeiten gegenüber assoziierten Unternehmen	o	o	o
5.14	Zinssätze, Rückzahlungsbedingungen, Kreditbestimmungen, Rangrücktritte, Wandelrechte und Beträge nicht amortisierter Disagios	o	o	o
5.10	Sicherheiten für langfristige Verbindlichkeiten	o	o	o
13.18	Falls der kurzfristige Teil einer langfristigen Verbindlichkeit als langfristig gezeigt wird, weil eine Refinanzierung erwartet wird: Betrag der entsprechenden Verbindlichkeit und Refinanzierungsbedingungen	o	o	o
	b) Kurzfristige Verbindlichkeiten			
5.15 13.7	Wenn das Unternehmen zwischen kurz- und langfristigen Jahresabschlußposten unterscheidet, sind folgende Verbindlichkeiten gesondert auszuweisen (Reihenfolge nicht zwingend):			
	- Verbindlichkeiten gegenüber Kreditinstituten und feste Vorschüsse	o	o	o

IAS		Ja	n/a	nein
	- Kurzfristiger Anteil der langfristiger Verbindlichkeiten (und Rückstellungen)	o	o	o
	- Verbindlichkeiten aus Lieferungen und Leistungen	o	o	o
	- Verbindlichkeiten gegenüber Unternehmensorganen	o	o	o
	- Verbindlichkeiten gegenüber verbundenen Unternehmen	o	o	o
	- Verbindlichkeiten gegenüber assoziierten Unternehmen	o	o	o
	- Ertragsteuerverbindlichkeiten	o	o	o
	- Geschuldete Dividenden (aufgrund des Ausschüttungssystems in Deutschland grundsätzlich nicht möglich)	o	o	o
	- Sonstige Verbindlichkeiten und passive Rechnungsabgrenzungsposten	o	o	o
13.19	Summe der kurzfristigen Verbindlichkeiten	o	o	o
5.10	Sicherheiten für kurzfristige Verbindlichkeiten	o	o	o
5.16	Gesonderter Ausweis wesentlicher Posten in den sonstigen Verbindlichkeiten, wie z.B. latente Steuern, transitorische Rechnungsabgrenzungsposten und Pensionsrückstellungen	o	o	o
	c) Leasingverbindlichkeiten			
17.21	Betrag der Verbindlichkeiten aus Finanz-Leasing, aufgeteilt nach kurz- und langfristigen Anteilen	o	o	o
17.26	Bedeutende Finanzierungsvereinbarungen, Erneuerungs- oder Kaufoptionen, Mietverträge, die nicht auf einem Zeitfaktor basieren (z.B. umsatzabhängig oder indexiert) und andere Eventualverbindlichkeiten aus Miet- oder Leasingverträgen	o	o	o

IAS		Ja	n/a	nein
	G. Eventualverbindlichkeiten und -guthaben			
	a) Eventualverbindlichkeiten			
5.10	Eventualverbindlichkeiten und -gewinne mit Angabe der Beträge, soweit möglich	o	o	o
10.9	Eventualverbindlichkeiten, für welche noch keine Rückstellung gebildet wurde; Ausnahme: Eintritt ist unwahrscheinlich	o	o	o
10.16	Eventualgewinne, sofern deren Realisierung wahrscheinlich ist	o	o	o
10.22	Zusatzangaben für alle im Jahresabschluß angegebenen Eventualverbindlichkeiten und -guthaben:			
	- Art der Eventualität	o	o	o
	- Darlegung der Unsicherheitsfaktoren, welche den zukünftigen Ausgang der Eventualität beeinflussen	o	o	o
	- Schätzung der betragsmäßigen Auswirkung oder Hinweis, daß dies nicht praktikabel ist	o	o	o
11.45	Eventualverbindlichkeiten und -gewinne aus langfristigen Fertigungsaufträgen	o	o	o
20.39	Unerfüllte Auflagen und somit Eventualverbindlichkeiten im Zusammenhang mit erhaltenen staatlichen Subventionen	o	o	o
	b) Sonstige finanzielle Verpflichtungen			
5.10	Eingegangene Investitionsverpflichtungen	o	o	o
31.46 31.48	Bei Beteiligungen an Gemeinschaftsunternehmen, folgende Sachverhalte je in einem Gesamtbetrag (gesondert von den anderen finanziellen Verpflichtungen):	o	o	o
	- Anteilige finanzielle Verpflichtungen sowie anteilige finanzielle Verpflichtungen, die gesamtschuldnerisch mit Mitbeteiligten eingegangen wurden	o	o	o
	- Anteil an den finanziellen Verpflichtungen des Joint Ventures selbst	o	o	o
17.24	Freiwillige Angaben: Leasingnehmer: Verpflichtungen aus Leasingverträgen und unkündbaren Mietverträgen mit einer Laufzeit von über einem Jahr, mit Angabe des Gesamtbetrages pro Fälligkeitsjahr	o	o	o

IAS		Ja	n/a	nein
	IV. Angaben zur Gewinn- und Verlustrechnung			
	A. Allgemeine Angaben			
8.10	Aufgliederung des Jahresüberschusses in folgende Bestandteile:			
	- Gewinn oder Verlust aus der gewöhnlichen Geschäftstätigkeit	o	o	o
	- Außerordentliches Ergebnis	o	o	o
5.18	Offenlegung folgender Posten (Reihenfolge nicht vorgeschrieben):			
	- Umsatzerlöse und sonstige betriebliche Erträge	o	o	o
	- Abschreibungen	o	o	o
	- Zinserträge	o	o	o
	- Finanzerträge	o	o	o
	- Zinsaufwendungen	o	o	o
	- Ertragsteuern	o	o	o
	- Außerordentliche Erträge	o	o	o
	- Außerordentliche Aufwendungen	o	o	o
	- Bedeutende Transaktionen mit Konzerngesellschaften	o	o	o
	- Jahresüberschuß/Jahresfehlbetrag	o	o	o
18.35	Darüber hinaus verlangt IAS 18.35 eine erweiterte Aufgliederung der Erträge in folgende Posten:			
	- Erträge aus Lieferungen	o	o	o
	- Erträge aus Dienstleistungen	o	o	o
	- Zinserträge	o	o	o
	- Gewinnanteile	o	o	o
	- Dividenden	o	o	o
	- Bei jeder wesentlichen Ertragsposition, gesonderter Ausweis von Erträgen aus dem Tausch von Gütern und Leistungen	o	o	o
11.39	Erträge aus langfristigen Fertigungsaufträgen	o	o	o

IAS		Ja	n/a	nein
	B. Herstellungskosten			
2.37	Kosten der verkauften Produkte und Leistungen in der Rechnungsperiode (bei Anwendung des Umsatzkostenverfahrens)	o	o	o
	oder			
	Aufgliederung der Aufwendung nach Kostenarten (einschließlich der Angabe der Bestandsveränderungen im Vorratsvermögen) bei Anwendung des Gesamtkostenverfahrens	o	o	o
9.30	Gesamtbetrag der zu Lasten des Ergebnisses verrechneten Forschungs- und Entwicklungskosten	o	o	o
	C. Personalaufwand			
19.22 19.51	Pensionsaufwand im Geschäftsjahr (sowohl aus Altersvorsorgeplänen mit Beitragsprimat als auch aus Altersvorsorgeplänen mit Leistungsprimat)	o	o	o
	D. Abschreibungen			
16.66 4.15	Abschreibungen im Geschäftsjahr für jeden Posten des Anlagevermögens (16.66 als speziellere Vorschrift)	o	o	o
5.12	Außerplanmäßige Abschreibungen auf das Anlagevermögen	o	o	o
4.14 8.53 8.57	Bei Änderungen von Abschreibungsmethoden oder -sätzen: Details über die Auswirkung der Änderung (sowie Begründung des Methodenwechsels)	o	o	o
	(Vgl. auch Punkt II. C. Änderung der Bilanzierungs- und Bewertungsmethoden sowie Punkt III. A. 3. Sachanlagen)			

IAS		Ja	n/a	nein
	E. Finanzergebnis			
25.49	Zinsen, Gewinnanteile, Dividenden aus lang- und kurzfristigen Investitionen	o	o	o
25.49	Gewinne und Verluste aus der Veräußerung von Wertpapieren des Umlaufvermögens (kurzfristige Wertpapiere)	o	o	o
25.49	Erfolgswirksam verrechnete Wertveränderungen von Wertpapieren des Umlauf- und des Anlagevermögens (kurz- und langfristige Wertpapiere)	o	o	o
28.28	Gesonderter Ausweis von Gewinnanteilen von assoziierten Unternehmen, die nach der Equity-Methode erfaßt werden	o	o	o
	F. Sonstige betriebliche Aufwendungen und Erträge			
20.39	Art und Umfang staatlicher Subventionen, die im Jahresüberschuß enthalten sind, sowie aller anderer Formen staatlicher Unterstützung, die dem Unternehmen unmittelbar zugewendet wurden	o	o	o
21.42	Kursdifferenzen, die im Geschäftsjahr ergebniswirksam verrechnet wurden	o	o	o
	G. Außerordentliches Ergebnis			
8.11	Art und Betrag der außerordentlichen Erträge und Aufwendungen, die von derartiger Bedeutung sind, daß ihr Beitrag zum Ergebnis erklärt werden muß	o	o	o
28.28	Gesonderter Ausweis von Gewinnanteilen von assoziierten Unternehmen, die nach der Equity-Methode bilanziert sind, soweit die Ergebnisbeiträge aus außerordentlichen oder periodenfremden Posten resultieren	o	o	o

IAS		Ja	n/a	nein
	H. Stillegung/Veräußerung von Teilbetrieben			
8.20	Gesonderte Angaben für jeden stillgelegten bzw. veräußerten Betriebsteil:			
	- Art des Betriebsteils	o	o	o
	- Segmentzugehörigkeit	o	o	o
	- Maßgebliches Datum der Stillegung/Veräußerung für Zwecke der Bilanzierung	o	o	o
	- Angabe, ob Stillegung oder Veräußerung	o	o	o
	- Gewinn oder Verlust aus der Stillegung/Veräußerung; Methoden der Ermittlung der Gewinne und Verluste	o	o	o
	- Ergebnis der gewöhnlichen Geschäftstätigkeit des Geschäftsjahres sowie aller ausgewiesenen Vorjahre	o	o	o
	I. Steueraufwand			
12.49	Steueraufwand auf das Ergebnis der gewöhnlichen Geschäftstätigkeit	o	o	o
12.49	Steueraufwand auf das außerordentliche Ergebnis	o	o	o
12.49	Steueraufwand, der auf die Berichtigung fundamentaler Fehler entfällt	o	o	o
12.49	Steueraufwand, der auf die Auswirkungen der Änderung von Bilanzierungs- und Bewertungsgrundsätzen entfällt	o	o	o
12.48	Verringerung des Steueraufwandes durch Ansatz aktiver latenter Steuern aus steuerlichen Verlusten des Geschäftsjahres	o	o	o
12.48	Verringerung des Steueraufwandes durch Ansatz aktiver latenter Steuern aus steuerlichen Verlusten aus Vorjahren	o	o	o
12.48	In Zukunft noch zur Verfügung stehende steuerliche Verlustvorträge, die bei der Berechnung latenter Steuern noch nicht berücksichtigt wurden	o	o	o

V. Angaben über Ereignisse nach dem Bilanzstichtag

IAS		Ja	n/a	nein
10.28	Ereignisse nach dem Bilanzstichtag, die wertbegründenden (nicht wertaufhellenden) Charakter haben, aber für die Beurteilung der Vermögens-, Finanz- und Ertragslage durch den Bilanzleser von entscheidender Bedeutung sind	o	o	o
10.34	Folgende Angaben zu den offenzulegenden Ereignissen nach Bilanzstichtag:			
	- Art des Ereignisses	o	o	o
	- Schätzung der betragsmäßigen Auswirkung oder die Anmerkung, daß eine Schätzung nicht gemacht werden kann	o	o	o
21.46	Auswirkung wesentlicher Wechselkursänderungen nach dem Bilanzstichtag auf die monetären Bilanzposten	o	o	o
10.31	Sofern nicht bereits im Jahresabschluß erfaßt, alle nach dem Bilanzstichtag erklärten oder vorgeschlagenen Dividenden, die sich auf das Geschäftsjahr beziehen	o	o	o
	Angaben zu Unternehmenszusammenschlüssen (Definition in IAS 22.9) nach dem Bilanzstichtag:			
22.76	- Bei wesentlichen Unternehmenszusammenschlüssen grundsätzliche Angabe der Informationen, die für Unternehmenszusammenschlüsse im Geschäftsjahr obligatorisch sind (vgl. IAS 70-74). Soweit die Informationsbereitstellung nicht praktikabel ist, ist dies anzugeben	o	o	o
22.78	- Wenn ein Zusammenschluß mit insolvenzgefährdeten Unternehmen nach dem Bilanzstichtag dazu führt, daß das gefährdete Unternehmen bereits am Bilanzstichtag zu Fortführungswerten bilanzieren darf, ist dies anzugeben	o	o	o

VI. Angaben zur Kapitalflußrechnung

IAS		Ja	n/a	nein
7.1	Verpflichtung zur Erstellung einer Kapitalflußrechnung	o	o	o
7.10	Gliederung der Kapitalflußrechnung nach Zahlungsströmen aus dem operativen Geschäft, Investitionstätigkeiten sowie Finanzierungstätigkeiten	o	o	o

IAS		Ja	n/a	nein
7.45	Abgrenzung der Finanzmittelfonds, die der Kapitalflußrechnung zugrunde gelegt werden	o	o	o
7.45	Überleitung zwischen den Beträgen in der Kapitalflußrechnung und den entsprechenden Posten in der Bilanz	o	o	o
7.18	Darstellung der Zahlungsströme aus dem operativen Geschäft entweder nach der direkten oder nach der indirekten Methode (bevorzugte Methode ist die direkte Methode)	o	o	o
7.21	Wesentliche Zahlungsströme aus Investitions- und Finanzierungstätigkeiten sind grundsätzlich brutto auszuweisen (Ausnahme: Zahlungsströme entsprechend IAS 7.22 und 7.22)	o	o	o
7.29	Aufgliederung der Zahlungsströme aus außerordentlichen Geschäften nach Zugehörigkeit zum operativen Geschäft, zum Investitionsbereich oder zum Finanzierungsbereich	o	o	o
7.31	Gesonderter Ausweis der erhaltenen und gezahlten Finanzmittel aus Zinsen und Dividenden; die Zuordnung dieser Finanzmittel zu den einzelnen Bereichen der Kapitalflußrechnung ist beizubehalten	o	o	o
7.35	Zahlungsströme im Zusammenhang mit Steuerzahlungen sind gesondert auszuweisen; die Zahlungsströme sind grundsätzlich der operativen Geschäftstätigkeit zuzuordnen. Ausnahme: Die Zahlungsströme stehen in unmittelbarem Zusammenhang zu Investitions- oder Finanzierungstätigkeiten	o	o	o
7.39	Gesonderter Ausweis der kumulierten Zahlungsströme aus dem Erwerb und dem Verkauf von Gesellschaften unter den Zahlungsströmen aus der Investitionstätigkeit	o	o	o
7.40	Für den Erwerb und den Verkauf von Tochtergesellschaften oder Unternehmenssparten (kumuliert):			
	- Transaktionspreis	o	o	o
	- Anteil am Transaktionspreis, der mit Fondsmitteln beglichen wurde	o	o	o
	- Fondsmittel der Tochtergesellschaften oder Sparten, die ge- oder verkauft wurden	o	o	o

IAS		Ja	n/a	nein
7.40	- Sonstige Vermögensgegenstände und Schulden der Tochtergesellschaften oder Sparten, die ge- oder verkauft wurden	o	o	o
7.43	Investitions- und Finanzierungsaktivitäten, die nicht zahlungsstromwirksam sind, sind nicht in der Kapitalflußrechnung zu berücksichtigen; sie sind jedoch außerhalb der Kapitalflußrechnung gesondert anzugeben	o	o	o
7.48	Angabe und Erläuterung wesentlicher Fondsanteile, über die nicht frei verfügt werden kann	o	o	o
7.50	Freiwillige Angaben: Zusatzangaben zur Verbesserung der Aussagefähigkeit der Kapitalflußrechnung, z.B. Zahlungsströme mit Joint Ventures	o	o	o

VII. Angaben zum Konzernabschluß

IAS		Ja	n/a	nein
22.70	Methode der Bilanzierung von Unternehmenszusammenschlüssen (zur Definition von "Unternehmenszusammenschlüssen" vgl. IAS 22.9)	o	o	o
27.8	Falls ein Unternehmen von der Konzernrechnungslegungspflicht befreit ist, Angabe folgender Tatbestände:			
	- Angabe der Gründe für die Befreiung	o	o	o
	- Grundsätze der Bilanzierung von Beteiligungen im Einzelabschluß des befreiten Unternehmens	o	o	o
27.8	- Name und Sitz der Muttergesellschaft, die den befreienden Konzernabschluß erstellt und veröffentlicht	o	o	o
27.32	Angabe wesentlicher Tochtergesellschaften mit Gesellschaftsname, Sitzland, kapitalmäßigen Anteil und - sofern davon abweichend - Anteil an den Stimmrechten	o	o	o
27.32	Begründung einer Nicht-Einbeziehung von Tochtergesellschaften in den Konsolidierungskreis	o	o	o
27.32	Art der Beziehung zu verbundenen Unternehmen, an denen die Muttergesellschaft weder direkt noch indirekt mehr als die Hälfte der Stimmrechte hält	o	o	o

IAS		Ja	n/a	nein
27.32	Name der Unternehmen, an denen direkt oder indirekt mehr als die Hälfte der Stimmrechte gehalten wird, die aber wegen fehlender Beherrschung nicht konsolidiert werden	o	o	o
27.32	Auswirkung des Erwerbs und des Verkaufs von Tochtergesellschaften auf die Vermögens- und Ertragslage des Geschäftsjahres und des Vorjahres	o	o	o
27.32	Angabe der Bilanzierungs- und Bewertungsmethoden für Anteile an verbundenen Unternehmen im Jahresabschluß des Mutterunternehmens	o	o	o
22.70	Für alle Unternehmenszusammenschlüsse im Geschäftsjahr:			
	- Name und Beschreibung der zusammengeschlossenen Unternehmen	o	o	o
	- Bilanzierungsmethode	o	o	o
	- Stichtag des Unternehmenszusammenschlusses	o	o	o
	- Geschäftsteile, die im Zusammenhang mit Unternehmenszusammenschlüssen verkauft werden sollen	o	o	o
22.71	Für Unternehmenszusammenschlüsse in der Form des Anteilserwerbs:			
	- Stimmrechtsanteil an der erworbenen Gesellschaft	o	o	o
	- Akquisitionskosten und Beschreibung des Transaktionswerts, der bezahlt wurde oder unter einer aufschiebenden Bedingung steht	o	o	o
	- Art und Betrag der Rückstellungen für Restrukturierung und/oder andere Kosten für Betriebsschließung, die infolge des Unternehmenskaufs anfallen und im Jahresabschluß berücksichtigt sind	o	o	o
22.72	Sofern aus der Akquisition Goodwill oder negativer Goodwill resultiert:			
	- Bilanzielle Behandlung von positivem und negativem Goodwill einschließlich der Abschreibungsdauer	o	o	o
	- Werden der positive oder negative Goodwill über einen Zeitraum von mehr als 5 Jahren abgeschrieben/aufgelöst, ist dies zu begründen	o	o	o

IAS		Ja	n/a	nein
22.72	- Werden der positive oder der negative Goodwill nicht linear abgeschrieben/aufgelöst, sind das angewandte Verfahren und die Gründe dafür anzugeben	o	o	o
	- Entwicklung der Bilanzposten vom Bestand am Anfang zum Bestand am Ende des Geschäftsjahres unter Angabe folgender Sachverhalte (Anlagespiegel)			
	- Historische Anschaffungskosten und kumulierte Abschreibungen zu Beginn des Geschäftsjahres	o	o	o
	- Zugänge im Geschäftsjahr	o	o	o
	- Abschreibungen des Geschäftsjahres	o	o	o
	- Berichtigungen infolge späterer Identifikation oder Wertänderung von Aktiva und Verbindlichkeiten	o	o	o
	- Sonstige Ausbuchungen im Geschäftsjahr	o	o	o
	- Historische Anschaffungskosten und kumulierte Abschreibungen am Ende des Geschäftsjahres	o	o	o
22.73	Bei einer Unternehmensakquisition, bei welcher der Verkehrswert der Vermögensgegenstände und Schulden oder der Erwerbspreis noch nicht definitiv festgelegt werden kann, sollte dies offengelegt und begründet werden. Sollten sich nachträgliche Berichtigungen dieser provisorischen Werte ergeben, ist dies zu beziffern und zu erklären	o	o	o
22.74	Bei einem Unternehmenszusammenschluß im Zuge einer Interessenzusammenführung sind in dem Geschäftsjahr, in dem die Zusammenlegung erfolgt, folgende zusätzliche Angaben zu machen:			
	- Beschreibung und Anzahl der ausgegebenen Anteile zusammen mit den ausgetauschten Stimmrechtsanteilen für die Interessenvereinigung	o	o	o
	- Summe der Vermögensgegenstände und Schulden, die von jedem Unternehmen eingebracht wurden	o	o	o
	- Umsatzerlöse, sonstige betriebliche Erträge, außerordentliche Posten sowie Nettoergebnis jedes Unternehmens vor dem Interessenzusammenschluß, soweit sie auch im Konzernabschluß des zusammengelegten Unternehmens enthalten sind	o	o	o

IAS		Ja	n/a	nein
	Zu verbundenen Unternehmen iSv. IAS 24.5 und IAS 24.6 sind folgende Tatbestände anzugeben:			
24.20	- Geschäftsbeziehungen zu verbundenen Unternehmen, unabhängig davon, ob Transaktionen stattfanden	o	o	o
24.22 24.24	- Sofern Transaktionen mit verbundenen Unternehmen stattfanden, Art der Geschäftsbeziehung, Transaktionsarten und deren Umfang, sofern diese Informationen für einen aussagefähigen Jahresabschluß erforderlich sind (gleichartige Transaktionen können zusammengefaßt werden, es sei denn die Aussagefähigkeit des Jahresabschlusses erfordert einen gesonderten Ausweis)	o	o	o
21.45	Methode der Umrechnung von Goodwill und Umbewertungen bei Übernahme ausländischer Unternehmen	o	o	o
	VIII. Segmentberichterstattung			
14.9	Börsennotierte und andere volkswirtschaftlich bedeutende Unternehmen (vgl. IAS 14.2), Beschreibung der Tätigkeitsbereiche und der Wirtschaftsräume. Für jeden Geschäfts-, Produkt- oder Dienstleistungsbereich sowie aufgeteilt nach Wirtschaftsräumen (Produktionsstandorten oder Absatzmärkten) sind angegeben:			
14.16	- Umsatzerlöse oder sonstige betriebliche Erträge; gesonderte Angabe der Umsatzerlöse mit anderen Segmenten	o	o	o
14.16	- Segmentergebnisse	o	o	o
14.16	- Vermögensbestände der einzelnen Segmente, entweder in absoluten Beträgen oder in Anteilen an der Bilanzsumme	o	o	o
14.16 14.20	- Basis der Verrechnungspreise zwischen den Segmenten (Angabe, ob Marktpreise oder keine Marktpreise in Rechnung gestellt werden)	o	o	o
14.21	Überleitung zwischen den Segmentdaten und den im Jahresabschluß ausgewiesenen Beträgen	o	o	o
14.24	Informationen über Änderungen bei der Abgrenzung der Segmente und deren Auswirkungen	o	o	o

IAS		Ja	n/a	nein
	IX. Angaben zu Derivaten			
32.49	Gesondert für jeden Finanzposten auf der Aktivseite (financial asset; Definition IAS 32.6) und der Passivseite (financial liability; IAS 32.6) sind folgende Angaben zu machen:			
	- Gegenstand und Umfang von Finanzinstrumenten (financial instruments); zusätzlich Angabe von Laufzeiten und Konditionen, soweit künftige Zahlungsströme davon beeinflußt sein können	o	o	o
	- Bilanzierungs- und Bewertungsmethoden, einschließlich der Gewinnrealisierungskriterien	o	o	o
32.57	Zinsänderungsrisiken (gesondert für jeden Finanzposten auf der Aktivseite und der Passivseite der Bilanz sowie für außerbilanzielle Posten):	o	o	o
	- Der frühere der folgenden Zeitpunkte: Fälligkeitstermin oder Zeitpunkt der Anpassung der Zinsvereinbarungen	o	o	o
	- Verzinsung	o	o	o
32.67	Gläubigerrisiken:			
	- Maximales Ausfallrisiko aus Finanzinstrumenten bei Nichterfüllung der Verpflichtungen der Gegenpartei (gesondert für jeden Finanzposten auf der Aktivseite); erhaltene Sicherheiten sind außer acht zu lassen	o	o	o
	- Konzentration von Gläubigerrisiken in einzelnen Segmenten (vgl. auch IAS 32.74)	o	o	o
32.78	Grundsätzlich Angabe der Marktwerte gesondert für jeden Finanzposten auf der Aktivseite und der Passivseite der Bilanz sowie für die außerbilanziellen Posten. Soweit die Werte nicht in angemessener Zeit oder mit angemessener Zuverlässigkeit bestimmt werden können, ist dies zusammen mit Informationen über das korrespondierende Derivat anzugeben	o	o	o

IAS		Ja	n/a	nein
32.89	Soweit Finanzvermögen mit Wertansätzen oberhalb der Anschaffungskosten bewertet ist, sind folgende Angaben zu machen:	o	o	o
	- Buchwert und Marktwert des Finanzvermögens	o	o	o
	- Gründe und belegende Daten, die zu der Bewertung geführt haben	o	o	o
32.92	Absicherung von Terminkontrakten:			
	- Beschreibung der Terminkontrakte	o	o	o
	- Beschreibung des Absicherungsinstruments	o	o	o
	- Betrag bisher nicht realisierter Gewinne oder Verluste und der erwartete Zeitpunkt der Realisierung	o	o	o
32.95	Freiwillige Angaben:			
	- Betrag der im Geschäftsjahr realisierten Gewinne und Verluste aus Finanzinstrumenten	o	o	o
	- Betrag bisher nicht realisierter Gewinne oder Verluste aus Absicherungsgeschäften (soweit sie nicht Terminkontrakte betreffen)	o	o	o
	- Durchschnittlicher Bestand an Finanzvermögen und Finanzverbindlichkeiten, bewertet zu Buchwerten und zu Marktwerten	o	o	o

X. Angaben im Jahresabschluß von Kreditinstituten und ähnlichen Instituten

A. Angaben zur Bilanz

IAS		Ja	n/a	nein
30.18	Gliederung der Bilanz nach Art und Fristigkeit des Vermögens und der Schulden	o	o	o
30.19	Zusätzlich zu den Erfordernissen aus anderen IAS sind folgende Posten in der Bilanz oder im Anhang anzugeben:			
	Aktiva:			
	- Flüssige Mittel (Kassa, Giro- und Postscheckguthaben) und Konten bei der Bundesbank	o	o	o

IAS		Ja	n/a	nein
30.19	- Schatzanweisungen und andere Reskriptionen, welche bei der Bundesbank diskontierbar sind	o	o	o
	- Staatsanleihen und andere Wertpapiere, die für Handelszwecke gehalten werden	o	o	o
	- Guthaben und Ausleihungen bei Banken	o	o	o
	- Sonstige Geldmarktpapiere	o	o	o
	- Ausleihungen an Kunden	o	o	o
	- Anlage- und Beteiligungspapiere	o	o	o
		o	o	o
	Passiva:			
	- Verbindlichkeiten gegenüber Kreditinstituten			
	- Andere Geldmarktpapiere	o	o	o
	- Spareinlagen	o	o	o
	- Kassenobligationen und Kassenscheine und ähnliche verbriefte Verbindlichkeiten	o	o	o
	- Eigenwechsel und Schuldscheine sowie ähnliche verbriefte Verbindlichkeiten	o	o	o
	- Andere Verbindlichkeiten	o	o	o
30.23	Vermögensgegenstände und Schulden dürfen nur verrechnet werden, sofern zivilrechtlich eine Aufrechnung möglich ist und bei Fälligkeit eine Aufrechnung zu erwarten ist	o	o	o
	B. Angaben zur Gewinn- und Verlustrechnung			
	1. Allgemeine Angaben			
30.9	Gliederung der Erfolgsrechnung nach Aufwands- und Ertragsarten und Ausweis der wesentlichen Posten	o	o	o
30.10	Zusätzlich zu den Erfordernissen aus anderen IAS sind folgende Posten in der Gewinn- und Verlustrechnung oder im Anhang anzugeben:			
	- Zinsen und ähnliche Erträge	o	o	o
	- Zinsen und ähnliche Aufwendungen	o	o	o

IAS		Ja	n/a	nein
30.10	- Beteiligungserträge	o	o	o
	- Gebühren- und Kommissionserträge	o	o	o
	- Gebühren- und Kommissionsaufwand	o	o	o
	- Gewinne abzüglich Verluste aus Wertpapierhandel	o	o	o
	- Gewinne abzüglich Verluste aus Handel mit Anlagen-/ Beteiligungspapieren	o	o	o
	- Gewinne abzüglich Verluste aus Devisenhandel	o	o	o
	- Sonstige betriebliche Erträge	o	o	o
	- Verluste aus Ausleihungen	o	o	o
	- Allgemeiner Verwaltungsaufwand	o	o	o
	- Sonstige betriebliche Aufwendungen	o	o	o
30.13	Aufwendungen und Erträge dürfen nur insoweit verrechnet werden,			
	- als sie im Zusammenhang mit Hedge-Geschäften stehen oder	o	o	o
	- als die korrespondierenden Forderungen und Verbindlichkeiten verrechnet wurden (IAS 32.23)	o	o	o
	2. Verluste aus Ausleihungen			
30.43	Angabe der Bilanzierungs- und Bewertungsmethoden	o	o	o
30.43	Veränderungen der Wertberichtigungen und Rückstellungen für Ausleihungen im Geschäftsjahr einschließlich der erfolgswirksam erfaßten Beträge bereits entstandener Verluste aus Ausleihungen, der Ausbuchungen von Ausleihungen sowie der Eingänge bereits ausgebuchter Ausleihungen	o	o	o
	Gesamtbetrag der Wertberichtigungen/Rückstellungen für Ausleihungen	o	o	o
	Gesamtbetrag der Ausleihungen, für die der Zins nicht erfolgswirksam verbucht wird, sowie die Grundlage für die Ermittlung des Bilanzwertes dieser Ausleihungen	o	o	o

IAS		Ja	n/a	nein
	C. Eventualverbindlichkeiten und sonstige finanzielle Verpflichtungen (einschließlich außerbilanzieller Geschäfte)			
30.26	Art und Betrag der finanziellen Verpflichtungen aus Kreditgeschäften, die nicht ohne wesentliche Kosten oder Nachteile kündbar sind	o	o	o
30.26	Art und Betrag der Eventualverbindlichkeiten und finanziellen Verpflichtungen aus außerbilanziellen Geschäften in bezug auf:			
	- Abgegebene Kreditsicherheiten, Garantie- und Bürgschaftserklärungen, Kreditlinien für Akkreditive o.ä., Garantieerklärungen und "standby letters of credit" zur Sicherung von Ausleihungen und Wertpapieren	o	o	o
	- Auf bestimmte Geschäfte bezogene Eventualverbindlichkeiten (z.B. Erfüllungsgarantien, performance bonds, bid bonds)	o	o	o
	- Finanzielle Verpflichtungen aus Dokumentargeschäften ("documentary credits - cash against documents")	o	o	o
	- Verkaufs- und Rückkaufsvereinbarungen, welche nicht bilanzwirksam erfaßt sind	o	o	o
	- Zins- und devisenkursbezogene Geschäfte einschließlich Swaps, Optionen und Futures	o	o	o
	- Sonstige finanzielle Verpflichtungen (z.B. NIFs, RUFs)	o	o	o
	D. Sonstige Offenlegungen			
30.30	Fälligkeitsanalyse nach Restlaufzeiten von Forderungen und Verbindlichkeiten	o	o	o
30.40	Angabe der Konzentration von Vermögensgegenständen, Schulden und außerbilanziellen Geschäften auf einzelne Segmente	o	o	o
30.40	Betrag wesentlicher Nettofremdwährungspositionen	o	o	o
30.24	Kurswert der handelbaren Papiere, sofern er vom Bilanzwert abweicht	o	o	o

IAS		Ja	n/a	nein
30.50	Rückstellungen für allgemeine Geschäftsrisiken einschließlich zukünftiger Verluste sowie sonstige unvorhersehbare Risiken und Eventualverbindlichkeiten (außer denen, die gemäß IAS 10 erforderlich sind), sind direkt aus den Gewinnreserven zu bilden und gesondert anzugeben	o	o	o
30.53	Gesamtbetrag der besicherten Verbindlichkeiten sowie Art und Bilanzwert der mit Eigentumsbeschränkungen belasteten Vermögensgegenstände	o	o	o

Anhang 1: IAS-Standards

		Inkrafttreten
IAS 1	Disclosure of Accounting Policies	01.01.1975
IAS 2 (rev.)	Valuation and Presentation of Inventories in the Context of the Historical Cost System	01.01.1995
IAS 4	Depreciation Accounting	01.01.1977
IAS 5	Information to be Disclosed in Financial Statements	01.01.1977
IAS 7 (rev.)	Cash Flow Statements	01.01.1994
IAS 8 (rev.)	Unusual and Prior Period Items and Changes in Accounting Policies	01.01.1995
IAS 9 (rev.)	Accounting for Research and Development Activities	01.01.1995
IAS 10	Contingencies and Events Occuring After the Balance Sheet Date	01.01.1980
IAS 11 (rev.)	Accounting for Construction Contracts	01.01.1995
IAS 12	Accounting for Taxes on Income	01.01.1981
IAS 13	Presentation of Current Assets and Current Liabilities	01.01.1981
IAS 14	Reporting Financial Information by Segment	01.01.1983
IAS 15	Information Reflecting the Effects of Changing Prices	01.01.1983
IAS 16 (rev.)	Accounting for Property, Plant and Equipment	01.01.1995
IAS 17	Accounting for Leases	01.01.1984
IAS 18 (rev.)	Revenue Recognition	01.01.1995
IAS 19 (rev.)	Accounting for Retirement Benefits in the Financial Statements of Employers	01.01.1995
IAS 20	Accounting for Government Grants and Disclosure of Government Assistance	01.01.1984
IAS 21 (rev.)	Accounting for the Effects of Changes in Foreign Exchange Rates	01.01.1995
IAS 22 (rev.)	Accounting for Business Combinations	01.01.1995
IAS 23 (rev.)	Capitalisation of Borrowing Costs	01.01.1995
IAS 24	Related Party Disclosures	01.01.1986
IAS 25	Accounting for Investments	01.01.1987
IAS 26	Accounting and Reporting by Retirement Benefit Plans	01.01.1988
IAS 27	Consolidated Financial Statements and Accounting for Investments in Subsidiaries	01.01.1990

		Inkrafttreten
IAS 28	Accounting for Investments in Associates	01.01.1990
IAS 29	Financial Reporting in Hyperinflationary Economies	01.01.1990
IAS 30	Disclosures in the Financial Statements of Banks and Similar Financial Institutions	01.01.1991
IAS 31	Financial Report of Interests in Joint Ventures	01.01.1992
IAS 32	Financial Instruments - Disclosure and Presentation	01.01.1996

Anhang 2: IAS-Entwürfe

a) Neue Standards

	Status	IAS in
Financial Instruments II (Recognition and Measurement)	E 48	1996
Intangible Assets	SOP	1996
Earnings per Share	SOP	1996
Presentation of Financial Statements	DSOP	1997
Agriculture	-	1997
Employee Benefit costs	-	1998

b) Überarbeitete Standards

	Status	IAS in
Income Taxes	E 49	1995
Reporting Financial Information by Segment	DSOP	1996

Anhang 3: Exposure Draft E 49: Income Taxes

Contents

Income Taxes

The standards, which have been set in bold italic type, should be read in the context of the background material and implementation guidance in this Standard, and in the context of the Preface to International Accounting Standards. International Accounting Standards are not intended to apply to immaterial items (see paragraph 12 of the Preface).

Objective

The objective of this Standard is to prescribe the accounting treatment for income taxes. This includes the determination of the amount of the tax expense for a period. This involves the recognition and measurement of deferred tax liabilities and deferred tax assets for the taxes payable or recoverable in future periods as a result of transactions and other events recognised in an enterprise's financial statements or tax return for the current period. The Standard also deals with the presentation of such amounts in the financial statements and the disclosure of other information relating to income taxes.

Scope

1. ***This Standard should be applied in accounting for income taxes.***

2. For the purposes of this Standard, income taxes include all domestic and foreign taxes which are based on taxable profits.

3. This Standard does not deal with the methods of accounting for government grants (see International Accounting Standard IAS 20, Accounting for Government Grants and Disclosure of Government Assistance) or investment tax credits.

Definitions

4. ***The following terms are used in this Standard with the meanings specified:***

   Accounting profit is net profit or loss for a period before deducting tax expense.

   Taxable profit (tax loss) is the profit (loss) for a period, determined in accordance with the rules established by the taxation authorities, upon which income taxes are payable (recoverable).

Tax expense is the aggregate of current tax expense and deferred tax expense.

Current tax expense is the amount of income taxes payable (recoverable) in respect of the taxable profit (tax loss) for a period.

Deferred tax expense is the change during a period in deferred tax liabilities and deferred tax assets.

Deferred tax liabilities are the amounts of income taxes payable in future periods in respect of taxable temporary differences.

Deferred tax assets are the amounts of income taxes recoverable in future periods in respect of:

(a) deductible temporary differences;

(b) the carryforward of unused tax losses; and

(c) the carryforward of unused tax credits.

Temporary differences are differences between the tax base of an asset or liability and its carrying amount in the balance sheet that will result in taxable or deductible amounts in determining taxable profit of future periods when the carrying amount of the asset or liability is recovered or settled.

Taxable temporary differences are temporary differences that result in taxable amounts in determining taxable profit of future periods when the carrying amount of the asset or liability is recovered or settled.

Deductible temporary differences are temporary differences that result in amounts that are deductible in determining taxable profit when the carrying amount of the asset or liability is recovered or settled.

The tax base is the amount attributable (explicitly or implicitly) to an asset or liability by the taxation authorities in determining taxable profit.

5. Accounting profit is the sum of the profit or loss from ordinary activities before tax expense and extraordinary items before related tax expense (see International Accounting Standards IAS 8, Net Profit or Loss for the Period, Fundamental Errors and Changes in Accounting Policies). Tax expense includes the amount of tax applicable to extraordinary items.

Current Tax Expense

Recognition

6. Current tax expense for the current period should be included in tax expense for the period and, to the extent unpaid, recognised as a liability.

7. The liability for current tax expense included in the balance sheet is the current tax expense for current and prior periods less amounts already paid in respect of the liability. If the amount already paid in respect of the liability for current tax expense for a period exceeds the liability for that period, any excess amount is shown as an asset.

8. The benefit relating to a tax loss arising in the current period that can be carried back to recover current tax expense of a previous period should be recognised as an asset and included in the determination of the tax expense for the current period.

9. When a tax loss is used to recover current tax expense of a previous period, the benefit is recognised in the period in which the tax loss occurs because it is probable that the benefit will flow to the enterprise and the benefit can be reliably measured.

Measurement

10. Current tax expense should be measured at the tax rates that are expected to apply when the liability is settled, using the tax rates that have been enacted or substantively enacted. Assets arising from the carryback of a tax loss should be measured at the amount expected to be recovered from the taxation authorities.

11. Current tax expense is normally measured using the tax rates that have been enacted. However, in some jurisdictions, announcements of tax rates by the government have the substantive effect of actual enactment (which may follow the announcement by a

period of several months); in these circumstances, current tax expense is measured using the announced tax rate.

Deferred Tax Liabilities and Deferred Tax Assets

Temporary Differences

12. The extent to which tax expense is recognised in financial statements takes account of the income tax consequences of all transactions and events that have been recognised in an enterprise's financial statements or tax return. The rules established by the taxation authorities to determine taxable profit and the accounting policies of the enterprise to determine accounting profit are often different and may result in differences between the carrying amount of an asset or liability and its tax base. Such differences are temporary differences, when they will result in differences between accounting profit and taxable profit in future periods, when the carrying amount of the asset or liability is recovered or settled.

13. It is inherent in the recognition of an asset that its carrying amount will be recovered in the form of future economic benefits that flow to the enterprise in future periods. When such benefits flow to the enterprise they give rise to amounts that may enter into the determination of taxable profit. The tax base of the asset may be allowed as a deduction in determining taxable profit in either the same or a different period. When the carrying amount of the asset and its tax base are the same, the amount included in taxable profit on the recovery of the asset is offset by the amount allowed as a deduction in determining taxable profit. Therefore, the recovery of the carrying amount has no net effect on taxable profit of the enterprise. When the carrying amount of an asset is greater than its tax base, the recovery of the carrying amount will result in a taxable amount in future periods in excess of the amount allowed as a deduction and accordingly gives rise to a deferred tax liability in respect of the income taxes that will be payable in future periods. If the carrying amount of the asset is less than its tax base, the amount allowed as a deduction in respect of that asset in determining taxable profit will be greater than the taxable amount arising from the recovery of the carrying amount and accordingly gives rise to a deferred tax asset in respect of the income taxes that will be recoverable in future periods.

14. It is inherent in the recognition of a liability that the carrying amount will be settled through an outflow of resources embodying economic benefits from the enterprise in future periods. When such resources flow from the enterprise, they give rise to amounts that may be deductible in determining taxable profit. However, the taxation authorities may not allow the amounts to be deducted in determining taxable profit

in the same period in which the liability is recognised. For example, product warranty costs are recognised as a liability and an expense when the related products are sold but may not be allowed as a deduction in determining taxable profit until a warranty claim is made against the enterprise. The tax base of the liability for product warranty costs is nil until the claim is made. A temporary difference, therefore, exists between the carrying amount of the liability and its tax base. Accordingly, a deferred tax asset arises in respect of the income taxes that will be recoverable in the future periods when the product warranty costs are allowed as a deduction in determining taxable profit.

15. The tax base of an asset or liability is determined by reference to the rules established by the taxation authorities. When the cost of an asset is deductible in determining taxable profit over a number of periods, the tax base at the end of a period is cost less all amounts already deducted in determining taxable profit of the current and prior periods. When the cost of an asset is deductible in determining taxable profit when the asset is disposed of or permanently withdrawn from use, the tax base of the asset is cost. When the cost of an asset cannot be deducted in determining taxable profit either over a number of periods or on disposal, or when all deductions that would ever be permitted with respect to the asset have already been taken by the enterprise, the tax base of the asset is nil.

16. In consolidated financial statements, temporary differences are determined by comparing the carrying amounts of assets and liabilities in the consolidated financial statements with the appropriate tax base. The tax base of the assets and liabilities is determined by reference to a consolidated tax return in those jurisdictions that require such a return and by reference to the tax returns of each enterprise in the group in other jurisdictions.

17. The following are examples of temporary differences together with guidance as to whether such differences result in deferred tax assets or liabilities:

    (a) certain revenues may be included in accounting profit when goods or services are delivered but included in taxable profit when cash is collected. The total of these revenues included in accounting profit and taxable profit is ultimately the same, but the periods of inclusion may differ. The tax base of any receivable recognised in the balance sheet with respect to such revenues is nil because the revenues do not enter into the determination of taxable profit until cash is collected. The difference between the carrying amount of the receivable and its tax base of nil is a taxable temporary difference which results in a deferred tax liability;

(b) depreciation used in determining taxable profit may differ from that used in determining accounting profit. The temporary difference is the difference between the carrying amount of the property, plant and equipment and its tax base which is the original cost of the property, plant and equipment less all deductions in respect of that item permitted by the taxation authorities in determining taxable profit of the current and prior periods. Such a taxable temporary difference results in a deferred tax liability when tax depreciation is accelerated;

(c) development costs may be capitalised and amortised over future periods in determining accounting profit but deducted in determining taxable profit in the period in which they are incurred. Such development costs have a tax base of nil as they have already been deducted from taxable profit. The temporary difference is the difference between the carrying amount of the development costs and their tax base of nil. Such a taxable temporary difference results in a deferred tax liability;

(d) retirement benefit costs may be deducted in determining accounting profit as service is provided by the employee, but deducted in determining taxable profit either when contributions are paid to a fund by the enterprise or when retirement benefits are paid by the enterprise. A temporary difference exists between the carrying amount of the liability and its tax base which is usually nil. Such a deductible temporary difference results in a deferred tax asset as economic benefits will flow to the enterprise in the form of a deduction from taxable profits when contributions or retirement benefits are paid;

(e) in a business combination that is an acquisition, the cost of the acquisition is allocated to the assets and liabilities recognised by reference to their fair values at the date of the exchange transaction. Temporary difference arise when the tax bases of the related assets and liabilities are not affected by the business combination or are affected differently. Such temporary differences can be either taxable temporary differences or deductible temporary differences and, therefore, result in either deferred tax liabilities or assets. For example, when the carrying amount of an asset is increased to fair value but the tax base of the asset remains at cost, a taxable temporary difference arises which results in a deferred tax liability. When a liability is recognised on the acquisition but the related costs are not deducted in determining taxable profits until a later period, a deductible temporary difference arises which results in a deferred tax asset.

18. Some items have a tax base but are not recognised as assets and liabilities in the balance sheet. For example, research costs are recognised as an expense in determining accounting profit in the period in which they are incurred but may not be

permitted as a deduction in determining taxable profit until a later period. The difference between the tax base of the research costs, being the amount the taxation authorities will permit as a deduction in the future, and the carrying amount of nil is a deductible temporary difference that results in a deferred tax asset.

Assets Carried at Fair Value

19. International Accounting Standards permit or require current investments (see International Accounting Standard IAS 25, Accounting for Investments) and certain financial instruments (see proposed International Accounting Standard E48, Financial Instruments) to be carried at fair value and the resulting gains or losses recognised as income or expenses as they arise. Temporary differences arise when the rules established by the taxation authorities for the recognition of these gains or losses differ from the accounting policies used to determine accounting profit in respect of those investments and financial instruments.

20. International Accounting Standards permit the revaluation of certain assets and require increases in carrying amount to be credited to equity under the heading of revaluation surplus. Such revaluations are permitted for property, plant and equipment under the allowed alternative treatment in International Accounting Standard IAS 16, Property, Plant and Equipment, and for long-term investments under International Accounting Standard, IAS 25, Accounting for Investments. Temporary differences arise when the rules established by the taxation authorities for the recognition of the increases in fair value in taxable profit differ from the accounting policies for dealing with these increases.

21. In some jurisdictions, the increase in carrying amount arising on the revaluation of an asset enters into the determination of taxable profit for the current period. The current tax expense relating to the increase is charged to revaluation surplus in accordance with paragraph 58. If the tax base of the asset is adjusted by the same amount as the revaluation increase, no temporary difference arises.

22. In other jurisdictions, an increase or decrease in carrying amount arising on the revaluation of an asset enters into the determination of taxable profit for a later period and the tax base of the asset is not adjusted by the taxation authorities. This occurs, for instance, when:

    (a) an increase is not subject to tax until the asset is sold or recovered through use in operation; or
    (b) a decrease is reflected in the financial statements without a change in the asset's tax base.

Although the increase for decrease does not enter into the determination of taxable profit fot the current period, the future recovery of the carrying amount results in a flow of economic benefits to the enterprise which enters into the determination of taxable profit in future periods. Therefore, the difference between the carrying amount of a revalued asset and its tax base is a temporary difference and gives rise to a deferred tax liability or asset. The resulting deferred tax expense is charged or credited to equity in accordance with paragraph 58.

23. In some jurisdictions, an asset may be revalued for tax purposes without the revaluation being recognised in the financial statements. Such a revaluation gives rise to a temporary difference because the amount of the revaluation increases the asset's tax base. The temporary difference gives rise to a deferred tax asset because the recovery of the asset in future periods will result in a greater deduction from taxable profit than the taxable income generated from recovery of the asset. Deferred tax expense relating to such a revaluation is included in the determination of the net profit or loss for the period and is not credited to equity. However, when such a revaluation is related to an accounting revaluation that has been or will be carried out in a different accounting period, the deferred tax expense relating to both the asset revaluation and adjustment of the tax base is credited or charged to equity in the periods in which they occur.

Other Differences

24. Certain differences between the tax base of an asset or liability and its carrying amount in the balance sheet will not result in taxable or deductible amounts in determining taxable profits of future periods when the carrying amount of the asset or liability is recovered or settled. Such differences arise from transactions and events that will affect accounting profit but will not affect taxable profit. Examples of such differences are:

(a) fines and similar penalties which are not deductible in determining taxable profit. When such fines are recognised as an expense but have not been settled the difference between the carrying amount of the liability and the tax base of the liability is a difference that will not be deductible in determining taxable profit when the liability is settled; and

(b) dividends between enterprises under common control which are not included in the determination of taxable profit of the recipient. When such dividends are receivable by an enterprise, the difference between the carrying amount of the dividend receivable and its tax base of nil is a difference that will not be included in taxable profit when the asset is recovered.

Such differences are not temporary differences and consequently deferred tax assets and liabilities are not recognised with respect to them.

Recognition

25. Deferred tax liabilities and assets are recognised when it is probable that the future economic benefit resulting from the reversal of temporary differences will flow from or to the enterprise. In the case of deferred tax liabilities, the reversal of the taxable temporary differences results in taxable profits and it is certain that economic benefits will flow from the enterprise in the form of tax expense. Therefore, this Standard requires the recognition of all deferred tax liabilities, except as described in paragraph 26. In the case of deferred tax assets, the reversal of the deductible temporary differences results in deductions in determining taxable profits of future periods. Economic benefits will flow to the enterprise in the form of reductions in tax payments. However, such benefits will only flow to the enterprise if it earns sufficient taxable profits against which to offset the deductions. Therefore, this Standard requires the recognition of deferred tax assets only when it is probable that taxable profits will be available against which the deferred tax asset can be utilised.

Taxable Temporary Differences

26. A deferred tax liability should be recognised for all taxable temporary differences other than those arising:

(a) from investments in subsidiaries and associates, and interests in joint ventures, which should be recognised in accordance with paragraph 41;

(b) from goodwill arising on a business combination for which amortisation is not deductible for tax purposes; and

(c) on initial recognition of a long-term asset, other than a long-term asset acquired in a business combination, when the tax base on initial recognition is less than cost.

27. Goodwill is the excess of the cost of an acquisition over the acquirer's interest in the fair value of the identifiable assets and liabilities acquired. Many taxation authorities

do not allow the amortisation of goodwill as a deductible expense in determining taxable profit; it is often only deductible on disposal of the acquired business, when a deduction in respect of goodwill is implicitly obtained in determining the taxable gain or loss on disposal of the investment. Any difference between the carrying amount of goodwill and its tax base is a taxable temporary difference that would usually result in a deferred tax liability. This Standard does not permit the recognition of such a deferred tax liability because goodwill is a residual and the recognition of the deferred tax liability would increase the carrying amount of goodwill.

28. In some circumstances, a long-term asset has, on initial recognition, a tax base which is less than cost. For example, as explained in paragraph 15, when the cost of an asset cannot be deducted in determining taxable profit either over a number of periods or on disposal, the tax base of the asset is nil. This gives rise to a taxable temporary difference. The immediate recognition of the resulting deferred tax expense is inappropriate because it does not allocate the tax expense over the life of the asset. It is also inappropriate to add the deferred tax expense to the cost of the asset, because it is difficult to assess whether the consideration paid for the asset takes into account the effect of the tax treatment applied by the taxation authorities. Therefore, this Standard does not permit the recognition of a deferred tax liability for either the origination or reversal of such temporary differences.

Deductible Temporary Differences

29. A deferred tax asset should be recognised for all deductible temporary differences to the extent it is probable that taxable profit will be available against which the deferred tax asset can be utilised, other than those arising:

(a) from investments in subsidiaries and associates, and interests in joint ventures, which should be recognised in accordance with paragraph 46;

(b) from negative goodwill which is treated as deferred income in accordance with International Accounting Standard, IAS 22, Business Combinations;

(c) on initial recognition of a government grant; and

(d) on initial recognition of a long-term asset, other than a long-term asset acquired in a business combination, when the tax base on initial recognition exceeds cost.

30. It is probable that taxable profit will be available against which a deferred tax asset arising from deductible temporary differences can be utilised when there are sufficient taxable temporary differences relating to the same taxation authority which will reverse:

    (a) in the same period as the reversal of the deductible temporary difference; or

    (b) in periods into which the deferred tax asset can be carried back or forward.

    In such circumstances, the deferred tax asset is recognised in the period in which the deductible temporary differences arise.

31. When there are insufficient taxable temporary differences relating to the same taxation authority, the deferred tax asset is recognised when:

    (a) it is probable that the enterprise will have taxable profits in the same period as the reversal of the deductible temporary difference or in the periods to which the deferred tax asset can be carried back or forward; or

    (b) tax planning opportunities are available to the enterprise that will create taxable profit in appropriate periods.

When these criteria are not met, the deferred tax asset is not recognised.

32. In evaluating whether it is probable that the enterprise will have sufficient taxable profits in future periods, the effects of deductible temporary differences that are expected to originate in future periods are ignored. Although future originating deductible temporary differences will result in taxable profit in future periods, the deferred tax asset arising from these temporary differences will itself require future taxable profits in order to be utilised.

33. Tax planning opportunities may create or maximise taxable profit in a particular period. Tax planning opportunities may affect the amount of taxable profit or may affect the timing of taxable profit and so extend the periods for which a tax loss or credit carryforward is available. For example, taxable profit may be created or maximised by:

    (a) electing to have interest income taxed on either a received or receivable basis;

    (b) deferring the claim for certain deductions from taxable profit; and

(c) the sale of assets that have appreciated but for which the tax base has not been adjusted to reflect such appreciation.

To be effective in determining whether it is probable that taxable profit will be available against which the deferred tax asset can be utilised, tax planning opportunities must involve actions that management of an enterprise would take if faced with a tax loss that was about to expire. However, the utilisation of the tax loss or credit carryforward still depends on the existence of future taxable profit from sources other than future originating temporary differences.

34. This Standard does not permit the recognition of a deferred tax asset with respect to deductible temporary differences arising from negative goodwill which is treated as deferred income in accordance with International Accounting Standard, IAS 22, Business Combinations because such negative goodwill is a residual and the recognition of the deferred tax asset would increase the carrying amount of negative goodwill.

35. Government grants related to an asset may be deducted in arriving at the carrying amount of the asset but, under some systems of taxation, not deducted in determining the tax base of the asset. Therefore, the carrying amount of the asset is less than the tax base of the asset which gives rise to a deductible temporary difference and a deferred tax asset. Government grants may also be set up as deferred income in which case the difference between the deferred income and its tax base of nil is a deductible temporary difference that results in a deferred tax asset. It would be contrary to the intention of International Accounting Standard IAS 20, Accounting for Government Grants and Disclosure of Government Assistance, to recognise the deferred tax asset and the related deferred tax expense associated with these temporary differences on initial recognition of the grant, when the income from the grant itself is recognised over a number of periods. A more consistent result is achieved by treating temporary differences arising from government grants as if they were not temporary differences. Therefore, this Standard does not permit the recognition of a deferred tax asset and the related deferred tax expense resulting from the origination or reversal of temporary differences arising on the initial recognition of a government grant.

36. There may be circumstances in which a long-term asset has, on initial recognition, a tax base in excess of its cost. For reasons similar to those in Paragraph 28, this Standard does not permit the recognition of a deferred tax asset in respect of the origination or reversal of the resulting temporary difference.

Unused Tax Losses and Unused Tax Credits

37. ***A deferred tax asset should be recognised for the carryforward of unused tax losses and unused tax credits to the extent it is probable that future taxable profit will be available against which the deferred tax asset can be utilised.***

38. Although the criteria for recognising deferred tax assets arising from the carryforward of unused tax losses and tax credits are the same as the criteria for recognising deferred tax assets arising from deductible temporary differences, the existence of unused tax losses may indicate significant uncertainty about the availability of future taxable profit. Therefore, when an enterprise has unused tax losses carried forward and a history of recent losses, it is inappropriate to recognise a deferred tax asset in respect of such unused tax losses in the absence of convincing evidence of the enterprise's ability to recover the asset. However, a deferred tax asset is recognised when the enterprise has sufficient taxable temporary differences relating to the same taxation authority, which will result in taxable amounts against which the unused tax losses or unused tax credits can be utilised. When unused tax losses or tax credits expire within a limited period, the deferred tax asset is recognised only to the extent of the taxable amounts that will be generated within that period.

39. When an enterprise has insufficient taxable temporary differences relating to the same taxation authority, the following criteria are considered in determining whether it is probable that taxable profit will be available against which the unused tax losses or unused tax credits can be utilised:

    (a) whether it is probable that the enterprise will have taxable profits within the period in which the unused tax losses or unused tax credits can be utilised;

    (b) whether the unused tax losses result from identifiable causes which are unlikely to recur;

    (c) whether tax planning opportunities are available to the enterprise that will create taxable profit in the period in which the unused tax losses or unused tax credits can be utilised; and

    (d) whether the enterprise has been able to use unused tax losses and unused tax credits carried forward in the past before they expire.

When it is not probable that taxable profit will be available against which the unused tax losses or unused tax credits can be utilised, the deferred tax asset is not recognised.

Investments in Subsidiaries and Associates and Interests in Joint Ventures

40. Temporary differences may arise from investments in subsidiaries and associates and interests in joint ventures in a number of different circumstances, for example:

(a) the existence of undistributed profits of subsidiaries, associates and joint ventures;

(b) changes in foreign exchange rates when a parent and its subsidiary are based in different countries; and

(c) when the carrying amount of an investment in an associate is reduced to its recoverable amount.

41. A deferred tax liability should be recognised for all taxable temporary differences arising from investments in subsidiaries and associates and interests in joint ventures except when:

(a) the parent, investor or venturer is able to control the timing of the reversal of the temporary difference; and

(b) it is probable that the temporary difference will not reverse.

42. In consolidated financial statements, the taxable temporary difference arising from an investment in a subsidiary reflects the parent's share of the undistributed profits of the subsidiary and differences arising from other transactions and events that affect the carrying amount of the parent's investment. The taxable temporary difference may be different from the taxable temporary difference in the separate financial statements of the parent if the parent carries its investment in its separate financial statements at cost or revalued amounts.

43. Many groups do not intend to remit all profits from a subsidiary to the parent when the parent considers the reinvestment of a subsidiary's profits as part of its permanent investment in the subsidiary. As the parent controls the dividend policy of its subsidiary, it is able to control the timing of the reversal of the temporary difference.

Therefore, when the parent has determined that those profits will not be distributed a deferred tax liability is not recognised.

44. An investor in an associate does not control that enterprise and is usually not in a position to determine its dividend policy. Therefore, in the absence of an agreement requiring that the profits of the associate will not be distributed, an investor recognises a deferred tax liability in respect of taxable temporary differences arising from its investment in the associate.

45. A venturer is a party to a joint venture and has joint control over that joint venture. Joint control is the contractually agreed sharing of control over an economic activity. The contractual arrangement between the venturers usually deals with the sharing of the profits and identifies whether decisions on such matters require the consent of all the venturers or a specified majority of the venturers. Therefore, when the venturer can control the sharing of profits and it is probable that the profits will not be distributed, a deferred tax liability is not recognised.

46. A deferred tax asset should be recognised for all deductible temporary differences arising from investments in subsidiaries and associates, and interests in joint ventures to the extent it is probable that taxable profit will be available against which the deferred tax asset can be utilised, except when:

(a) the parent, investor or venturer is able to control the timing of the reversal of the temporary difference; and

(b) it is probable that the temporary difference will not reverse.

47. In deciding whether a deferred tax asset is recognised for deductible temporary differences arising from its investments in subsidiaries and associates, and its interests in joint ventures, an enterprise considers the guidance set out in paragraphs 30 to 33.

Reassessment of Deferred Tax Assets

48. At each balance sheet date, an enterprise reassesses unrecognised deferred tax assets. When it is probable that future taxable profit will be available against which the deferred tax asset can be utilised, the deferred tax asset is recognised to the extent of that taxable profit and included in the determination of tax expense for the period. For example, an improvement in the trading conditions in which the enterprise operates may increase the probability of the enterprise's ability to generate future

taxable profit such that the deferred tax asset meets the recognition criteria set out in paragraph 31 or 39.

49. When a deferred tax asset which was not recognised as an identifiable asset by the acquirer at the date of a business combination is subsequently recognised by the acquirer, the benefit is included in the determination of tax expense for the period in which the deferred tax asset is recognised. In addition, the acquirer recognises as an expense that part of the unamortised balance of goodwill arising on the acquisition that is attributable to the deferred tax asset.

50. The carrying amount of a deferred tax asset should be reviewed at each balance sheet date and to the extent that it is no longer probable that taxable profit will be available to allow the benefit of the deferred tax asset to be utilised, it should be recognised immediately as deferred tax expense.

Measurement

51. Deferred tax assets and liabilities should be measured at the tax rates that are expected to apply when the asset is realised or the liability is settled, based on tax rates that have been enacted or substantively enacted.

52. Deferred tax assets and liabilities are usually measured using the tax rates that have been enacted. However, in some jurisdictions, announcements of tax rates by the government have the substantive effect of actual enactment (which may follow the announcement by a period of several months). In these circumstances, deferred tax assets and liabilities are measured using the announced tax rate.

53. When the tax rate that applies to capital gains differs from that which applies to other taxable profit, the rate used to measure deferred tax assets and liabilities reflects the expected manner of recovery of the asset.

54. Deferred tax assets and liabilities should not be discounted.

55. The reliable determination of deferred tax assets and liabilities on a discounted basis requires detailed scheduling of the timing of the reversal of each temporary difference. In many cases such scheduling is impractical or highly complex. Furthermore, the assets and liabilities giving rise to some temporary differences are measured on a discounted basis. Therefore it is inappropriate to require discounting of deferred tax assets and liabilities. To permit, but not to require, discounting would result in de-

ferred tax assets and liabilities which would not be comparable between enterprises. Therefore, this Standard does not require or permit the discounting of deferred tax assets and liabilities.

Tax Expense

56. Tax expense should be recognised as an expense and included in the determination of the net profit or loss for the period unless this Standard requires otherwise.

57. Tax expense consists of:

(a) current tax expense for the current period including the benefit relating to a tax loss arising in the current period that can be carried back to recover tax expense of a previous period;

(b) any adjustments recognised in the period for current tax expense of prior periods; and

(c) deferred tax expense for the period. For deferred tax assets and liabilities arising on a business combination during the period, or subsequent acquisition of a minority interest, deferred tax expense is the change in deferred tax assets and liabilities since those assets and liabilities were recognised.

58. Tax expense relating to items that are credited or charged directly to equity should be credited or charged directly to equity.

59. Other International Accounting Standards require or permit certain items to be credited or charged to equity rather than included in the determination of the net profit or loss for the period. Examples of such items are:

(a) the increase arising when the carrying amount of an item of property, plant and equipment is increased as a result of a revaluation (see International Accounting Standard IAS 16, Property, Plant and Equipment);

(b) an increase in the carrying amount arising from the revaluation of long-term investmens (see International Accounting Standard IAS 25, Accounting for Investments);

(c) the amount of the correction of a fundamental error that relates to prior periods that is reported by adjusting the opening balance of retained earnings (see International Accounting Standard IAS 8, Net Profit or Loss for the Period, Fundamental Errors and Changes in Accounting Policies);

(d) the amount of an adjustment resulting from a change in accounting policy that is applied retrospectively and which is reported as an adjustment to the opening balance of retained earnings (see International Accounting Standard IAS 8, Net Profit or Loss for the Period, Fundamental Errors and Changes in Accounting Policies); and

(e) exchange differences arising on the translation of the financial statements of a foreign entity that are classified as equity until the disposal of the net investment in the foreign entity (see International Accounting Standard IAS 21, The Effect of Changes in Foreign Exchange Rates).

60. In exceptional circumstances it may be difficult to determine the amount of tax expense that is directly attributable to items credited or charged to equity. This may be the case, for example, when there are graduated rates of income tax and it is difficult to determine the rate at which a specific component of taxable profit has been taxed or when a change in the tax rules affects a deferred tax asset or liability relating to an item that was previously charged or credited to equity. In such cases, the tax expense related to items that are credited or charged to equity is based on a reasonable pro rata allocation of the tax expense of the entity in the tax jurisdiction in which the item is included in taxable profit, or other method that achieves a more appropriate allocation in the circumstances.

Presentation

Tax Assets and Tax Liabilities

61. Tax assets and tax liabilities should be presented separately from other assets and liabilities in the balance sheet. Deferred tax assets and liabilities should be distinguished from assets and liabilities arising from current tax expense.

62. When an enterprise makes a distinction between current and non-current assets and liabilities in the financial statements, the current and non-current portions of assets and liabilities arising from current tax expense and deferred tax assets and liabilities should be

presented separately. The distinction between current and non-current should be determined based on the probable time of:

(a) the recovery or settlement of the asset or liability with respect to assets and liabilities arising from current tax expense;

(b) the reversal of the underlying temporary differences with respect to deferred tax liabilities and assets arising from temporary differences; or

(c) the utilisation of an unused tax loss or unused tax credit carry-forward against future taxable profit.

63. Tax assets and tax liabilities should not be offset unless they relate to income taxes levied by the same taxation authorities.

64. Although current tax assets and liabilities are separately recognised and measured they may be offset in the balance sheet to the extent that they relate to income taxes levied by the same taxation authority. Similarly, deferred tax assets and liabilities are offset to the extent that they relate to income taxes levied by the same taxation authorities. However, current and non-current tax balances are not offset by an enterprise that makes a distinction between current and non-current assets and liabilities, irrespective of whether the balances relate to income taxes levied by the same taxation authorities.

65. When entities in a group are taxed separately by the same taxation authority a tax asset recognised by one enterprise in the group should not be offset against a liability of another enterprise in the group unless there is a legally enforceable right to offset the recognised amounts.

Tax Expense

66. The tax expense related to profit or loss from ordinary activities should be presented on the face of the income statement.

67. International Accounting Standard IAS 21, The Effects of Changes in Foreign Exchange Rates, although requiring certain exchange differences to be recognised as income or expense, does not specify where such differences should be presented in the income statement. Accordingly, exchange differences arising on translation of

deferred foreign tax liabilities or assets may be included in deferred tax expense if that presentation is considered to be the most useful to financial statement users.

Disclosure

68. The major components of tax expense included in the determination of the net profit or loss for the period should be disclosed separately.

69. Information about the major components of tax expense is useful to financial statement users. Components of tax expense may include:

(a) current tax expense;

(b) the amount of deferred tax expense relating to the origination and reversal of temporary differences;

(c) the amount of deferred tax expense relating to changes in tax rates or the imposition of new taxes;

(d) the amount of the benefit arising from a previously unrecognised tax loss, tax credit or temporary difference of a prior period that is used to reduce current tax expense;

(e) the amount of the benefit from a previously unrecognised tax loss, tax credit or temporary difference of a prior period that is used to reduce deferred tax expense;

(f) deferred tax expense arising from the write down of a deferred tax asset in accordance with paragraph 50; and

(g) the amount of tax expense relating to changes in accounting policies and fundamental errors accounted for in accordance with the allowed alternative in International Accounting Standard IAS 8, Net Profit or Loss for the Period, Fundamental Errors and Changes in Accounting Policies.

70. The following should also be disclosed separately:

(a) tax expense relating to items that are charged or credited to equity;

(b) *tax expense relating to extraordinary items recognised during the period;*

(c) *the amount and future availability of unrecognised tax assets, including those arising from business combinations, relating to temporary differences, the carryforward of unused tax losses, and the carryforward of unused tax credits.*

(d) *an explanation of the relationship, including a numerical reconciliation, between tax expense included in the determination of the net profit or loss for the period and accounting profit when there is a material difference between tax expense included in the determination of the net profit or loss for the period and the amount that would arise by applying applicable tax rates to accounting profit. When an enterprise is unable to determine an applicable tax rate, a numerical reconciliation need not be disclosed but the reason why an applicable tax rate cannot be determined should be disclosed; and*

(e) *the nature of the temporary differences, unused tax losses and unused tax credits that give rise to deferred tax assets and liabilities.*

71. *An enterprise should disclose the amount of a deferred tax asset and the nature of the evidence supporting its recognition, when:*

(a) *the utilisation of the deferred tax asset is dependent on future taxable profits in excess of the profits arising from the reversal of existing taxable temporary differences; and*

(b) *the enterprise has suffered a loss in the same tax jurisdiction to which the deferred tax assets relate in either the current or preceding period.*

72. The disclosure of the nature and amount of each extraordinary item may be made on the face of the income statement or, when this disclosure is made in the notes to the financial statements, the total amount of all extraordinary items net of their related tax expense is disclosed on the face of the income statement. Although financial statement users may find the disclosure of the tax expense related to each extraordinary item useful it is sometimes difficult to allocate tax expense between such

items. Under these circumstances tax expense relating to extraordinary items may be disclosed in the aggregate.

73. The relationship between tax expense and accounting profit may be affected by such factors as revenue that is exempt from taxation, expenses that are not deductible in determining taxable profits, the timing of the recognition of the tax effects of tax losses and the effect of different tax rates applied in the locations of foreign based operations. It is often useful for the explanation of the relationship between tax expense and accounting profit to include an explanation of changes in the relationship compared to the previous accounting period. Such an explanation is particularly useful when a numerical reconciliation of the relationship between tax expense and accounting profit has not been provided.

74. In explaining the relationship between tax expense and accounting profit, an enterprise uses a tax rate that provides the most meaningful information to the users of its financial statements. Often the most meaningful rate is the domestic rate of tax in the country in which the enterprise is domiciled.

75. Financial statement users may also find useful the disclosure of income taxes that will become payable or recoverable with respect to temporary differences arising from investments in subsidiaries and associates and interests in joint ventures, or the amounts of the underlying temporary differences themselves, if the deferred tax liabilities and assets have not been recognised in accordance with paragraphs 41 and 46 of this Standard. Therefore enterprises are encouraged to disclose such amounts.

76. An enterprise discloses any contingent gains and losses in accordance with International Accounting Standard IAS 10, Contingencies and Events Occurring After the Balance Sheet Date. Contingent gains and losses may arise, for example, from unresolved disputes with the taxation authorities.

Effective Date

77. This International Accounting Standard becomes operative for financial statements covering periods beginning on or after ______________.

Literaturverzeichnis

ADLER/DÜRING/SCHMALTZ: Rechnungslegung und Prüfung der Unternehmen. 6. Aufl., Stuttgart 1995.

BAETGE, JÖRG: Begrüßung anläßlich des 10. Münsterischen Tagesgespräches am 29. April 1994, in: Die deutsche Rechnungslegung vor dem Hintergrund internationaler Entwicklungen, Baetge (Hrsg.), Düsseldorf 1994, S. 1-9.

BAETGE, JÖRG (Hrsg.): Die deutsche Rechnungslegung vor dem Hintergrund internationaler Entwicklungen, Düsseldorf 1994.

BALLWIESER, WOLFGANG (Hrsg.): US-amerikanische Rechnungslegung, Stuttgart 1994.

BAUMGARTNER, BEAT: Integrationsschritte bei der Einführung einer IASC-Rechnungslegung am Beispiel der Oerlikon-Bührle Holding AG, in: IASC-Rechnungslegung - Beiträge zu aktuellen Problemen, Dörner/Wollmert (Hrsg.), Düsseldorf 1995, S. 27-39.

BEAVER, WILLIAM: Financial Reporting: An Accounting Revolution. 2. Aufl. Englewood Cliffs 1989.

BEHR, GIORGIO: Transparente Rechnungslegung nach internationalen Richtlinien, Schweizer Treuhänder 1993, S. 109-111.

BIENER, HERBERT: Die Rechnungslegungsempfehlungen des IASC und deren Auswirkungen auf die Rechnungslegung, BFuP 1993, S. 345-356.

BIENER, HERBERT: Bedeutung und Chancen der IASC-Vorschriften als internationale Rechnungslegungsnorm, in: IASC-Rechnungslegung - Beiträge zu aktuellen Problemen, Dörner/Wollmert (Hrsg.), Düsseldorf 1995, S. 9-27.

BOLIN, MANFRED: Das International Accounting Standards Committee - Aufgaben, Organisation und Perspektiven, WPg 1990, S. 482-486.

BÜRGE, ANDREAS/OLHUND, ERIC: International Accounting Standards, Neueste Entwicklungen, Schweizer Treuhänder 1993, S. 165-170.

DÖRNER, DIETRICH/WOLLMERT, PETER (Hrsg.): IASC-Rechnungslegung - Beiträge zu aktuellen Problemen, Düsseldorf 1995.

FÖRSCHLE, GERHART/KRONER, MATTHIAS/MANDLER, UDO: Internationale Rechnungslegung: US-GAAP, HGB, IAS, Bonn 1994.

GOEBEL, ANDREA/FUCHS, MARKUS: Rechnungslegung nach den International Accounting Standards vor dem Hintergrund des deutschen Rechnungslegungsrechts für Kapitalgesellschaften, DStR 1994, S. 874-880.

GOEBEL, ANDREA: Konzernrechnungslegung nach den International Accounting Standards, DB 1994, S. 2457-2464.

HALLER, AXEL: Die Rolle des International Accounting Standards Committee bei der weltweiten Harmonisierung der internationalen Rechnungslegung, DB 1993, S. 1297-1305.

HAYN, SVEN: Die International Accounting Standards - ihre grundlegende Bedeutung für die internationale Harmonisierung der Rechnungslegung sowie eine Darstellung wesentlicher Unterschiede zu den einzelgesellschaftlichen Normen des HGB, WPg 1994, S. 713-721 und S. 749-755.

INTERNATIONAL ACCOUNTING STANDARDS COMMITTEE: Background Paper zu E 49, Basingstoke 1994.

INTERNATIONAL ACCOUNTING STANDARDS COMMITTEE: International Accounting Standards 1995, Basingstoke 1994.

JACOBI, MICHAEL: Technische Aspekte bei der Umstellung auf eine IASC-Rechnungslegung am Beispiel der Ciba, in: IASC-Rechnungslegung - Beiträge zu aktuellen Problemen, Dörner/Wollmert (Hrsg.), Düsseldorf 1995, S. 41-55.

KLEBER, HERBERT: Amerikanische Rechnungslegungsgrundsätze: Vorbild für Europa?, BFuP 1993, S. 380-399.

KLEEKÄMPER, HEINZ: Der Berufsstand der Wirtschaftsprüfer und vereidigten Buchprüfer im internationalen Umfeld, WPK-Mitteilungen 1993, S. 85-93.

KLEEKÄMPER, HEINZ: Rechnungslegung aus Sicht des IASC, in: Die deutsche Rechnungslegung vor dem Hintergrund internationaler Entwicklungen, Baetge (Hrsg.), Düsseldorf 1994, S. 41-65.

KLEEKÄMPER, HEINZ: Aktivitäten und Tendenzen im IASC, in: IASC-Rechnungslegung, Beiträge zu aktuellen Problemen, Dörner/Wollmert (Hrsg.), Düsseldorf 1995, S. 99-127.

KOBERG, ANN-KRISTIN: IASC: Zehn revidierte Standards, Schweizer Treuhänder 1994, S. 15-32.

KÜTING, KARLHEINZ/WEBER, CLAUS-PETER: Internationale Bilanzierung, Herne und Berlin 1994.

KÜTING, KARLHEINZ/HAYN, SVEN: Grundlagen der internationalen Rechnungslegung, BBK 1994, Fach 20.

KÜTING, KARLHEINZ/HAYN, SVEN: Der internationale Konzernabschluß als Eintrittskarte zum weltweiten Kapitalmarkt, BB 1995, S. 662-672.

KÜTING, KARLHEINZ: Gegenwärtige und künftige Behandlung immaterieller Vermögensgegenstände im IASC-Abschluß mit Vergleich zum deutschen Recht, in: IASC-Rechnungslegung, Beiträge zu aktuellen Problemen, Dörner/Wollmert (Hrsg.), Düsseldorf 1995, S. 57-81.

KÜTING, KARLHEINZ/WEBER, CLAUS-PETER: Handbuch der Rechnungslegung. Kommentar zur Bilanzierung und Prüfung. 3. Aufl., Stuttgart 1990.

LIENER, GERHARD: Internationale Unternehmen brauchen eine globalisierte Rechnungslegung, ZfB 1992, S. 269-292.

LÜCK, WOLFGANG (Hrsg.): Lexikon der Rechnungslegung und Abschlußprüfung. 2. Aufl. Marburg 1992.

MANDLER, UDO: Wirtschaftsprüfung im Umbruch. Harmonisierung der Rechnungslegung und Globalisierung der Unternehmensstrukturen, ZfB 1994, S. 167-187.

ORDELHEIDE, DIETER: Notwendigkeiten und Probleme der Weiterentwicklung der EG-Bilanzrichtlinien und des deutschen Konzernabschlußrechts, in: Die deutsche Rechnungslegung vor dem Hintergrund internationaler Entwicklungen, Baetge (Hrsg.), Düsseldorf 1994, S. 11-39.

OSER, PETER: Erfolgsneutral verrechnete Geschäfts- oder Firmenwerte aus der Kapitalkonsolidierung im Lichte der Entkonsolidierung, WPg 1995, S. 266-275.

PELLENS, BERNHARD: Der Informationswert von Konzernabschlüssen, Wiesbaden 1989.

RISSE, AXEL: Segmentberichterstattung: Neue Entwicklungen beim IASC und mögliche Auswirkungen auf Deutschland, DB 1995, S. 737-742.

SCHMALENBACH, EUGEN: Dynamische Bilanz, 13. Aufl., Köln und Opladen 1962.

SCHMIDT, FRITZ: Die organische Tageswertbilanz. 3. Aufl. Wiesbaden 1951.

SCHNEIDER, DIETER: Bilanzrechtsprechung und wirtschaftliche Betrachtungsweise, BB 1980, S. 1225-1232.

SCHRUFF, WIENAND: Die internationale Vereinheitlichung der Rechnungslegung nach den Vorschlägen des IASC, Gefahr oder Chance für die deutsche Bilanzierung?, BFuP 1993, S. 400-426.

SCHWEIZERISCHE VEREINIGUNG FÜR FINANZANALYSE UND VERMÖGENSVERWALTUNG/ARTHUR ANDERSEN AG (Hrsg.): Transparente Rechnungslegung und Berichterstattung von Banken, Zürich 1994.

SEEBERG, THOMAS: Probleme der Harmonisierung der Rechnungslegung aus Sicht eines international tätigen Unternehmens, in: Die deutsche Rechnungslegung vor dem Hintergrund internationaler Entwicklungen, Baetge (Hrsg.), Düsseldorf 1994, S. 135-149.

SIMON, HERMAN VEIT: Die Bilanzen der Aktiengesellschaft und der Kommanditgesellschaft auf Aktien, Berlin 1886.

SUTER, DANIEL: Pensionsverpflichtungen gemäß IAS, Schweizer Treuhänder 1995, S. 289-296.

TSCHOPP, FELIX: Die Rechnungslegung von Ertragsteuern im Konzernabschluß, Schweizer Treuhänder 1994, S. 397-400.

WIEDMANN, HERBERT: Vergleich der deutschen Rechnungslegungsvorschriften mit den internationalen Rechnungsgründsätzen unter besonderer Berücksichtigung des Vorsichtsprinzips sowie des Matching Principle, in: Die deutsche Rechnungslegung vor dem Hintergrund internationaler Entwicklungen, Baetge (Hrsg.), Düsseldorf 1994, S. 99-121.

WOLLMERT, PETER: Stichwort "Wirtschaftsprüfung in den USA", in: Lexikon der Rechnungslegung und Abschlußprüfung, 2. Aufl., Lück (Hrsg.), Marburg 1992, S. 883-888.

WOLLMERT, PETER: Die Konzernrechnungslegung von Versicherungsunternehmen als Informationsinstrument, Marburg 1992.

WOLLMERT, PETER/OSER, PETER: Der IASC-Abschluß eines Drittlandsunternehmens als befreiender Konzernabschluß?, DB 1995, S. 53-57.

WOLLMERT, PETER: Gegenwärtige und künftige Behandlung latenter Steuern im IASC-Abschluß, in: IASC-Rechnungslegung, Beiträge zu aktuellen Problemen, Dörner/ Wollmert (Hrsg.). Düsseldorf 1995, S. 83-98.